CO

여행 영어

English

용기를 내어 영어로 말을 걸어 봅시다.

조금이라도 내 마음이 전해진다면 여행은 좀 더 즐거워질 거예요.

여느 때보다 더 따뜻하게, 같이 경험해 볼까요?

『여행 영어』를 가지고

자, 말해 봅시다.

여행을 할 때 필요한 기본 회화부터 알아 두면 좋은 현지 정보,
소중한 여행을 즐기기 위한 표현과 단어들을 모았습니다.
자, 여행을 떠나 보실까요?

모처럼 여행을 떠났으니, 현지 사람과 대화를 시도해 봅시다. 간단한 인사부터 그 나라의 언어로 기분 좋게 말을 걸면, 현지 사람도 당신에게 미소를 띤 얼굴로 대답해 줄 것입니다.

맛집, 쇼핑, 관광지 등 현지 사람과 대화를 할 기회는 많습니다. 간단한 회화라도 평소와는 다른 경험을 하게 해 줄 것입니다. 현지인과의 회화로 여행을 좀 더 즐겨 봅시다.

check list

☐ 먼저 인사부터 시작해 봅시다. ➜ P.8~

☐ 리조트에서 액티비티를 즐겨 봅시다. ➜ P.30

☐ 마음에 드는 신발이나 가방을 사러 가고 싶어요. ➜ P.48

☐ 마켓에서 즐겁게 대화를 나눠 봅시다. ➜ P.56

☐ 달달한 간식은 여행의 또 다른 재미죠. ➜ P.86

☐ 공연이나 엔터테인먼트를 관람하고 싶어요. ➜ P.102

☐ 호텔에서 쾌적하게 지내고 싶어요. ➜ P.114

☐ 공항 & 교통수단 ➜ P.122~

☐ 한국을 소개해 봅시다. ➜ P.152

햄버거 한 개 주세요.
One hamburger, please.
원 햄버거 플리즈

블루베리 한 바구니 주세요.
A basket of blueberries, please.
어 베스켓 오브 블루베리즈 플리즈

사진을 찍어 주시겠어요?
Take our pictures, please!
테이크 아월 픽쳐스 플리즈

유명한 캔들이 있습니까?
Do you have a popular candle?
두 유 헤브 어 파퓰러 캔들?

3

HOW TO

영어

회화 수첩은 현지에서 자주 사용하는 문장을 중심으로 최대한 많은 내용을 담았습니다. 사전에 미리 알아 두고 공부해 놓으면 좋을 정보들도 담았습니다. 현지에서 자주 쓰이는 어휘들도 기억해 둡시다.

사용하는 포인트는 이곳에

● 상황별 구성으로 문장을 익히기 쉽습니다.

● 여러 가지 장면의 기본 문장에 충실하였습니다.

● 영어와 한국어로 되어 있어, 현지에서도 도움이 됩니다.

"카페에서는 어떻게 말해야 주문할 수 있을까?", "이 화장품은 어떻게 말해야 하지?" 등 순간적으로 당황했던 적은 없나요? 이 회화 수첩은 현지에서 흔히 접할 수 있는 상황별로 정리했습니다. 각 장면에 연관된 문장이나 단어들을 모아 현지에서도 쉽게 사용할 수 있도록 했습니다.

---

1 상황별로 아이콘이 붙여져 있습니다.

맛집, 쇼핑, 뷰티, 관광, 엔터테인먼트, 호텔의 각 상황별로 제목 옆에 아이콘이 붙어 있어 필요한 상황을 바로 찾을 수 있도록 하였습니다.

2 단어를 바꿔서 활용할 수 있어서 편리합니다.

숫자나 지명 등 바꿔 넣는 것 만으로도 문장을 만들 수 있어 편리합니다.

| 승마를 하고 싶은데요. | **I'd like to do a horse riding.** |
아이드 라익 투 두 어 홀스 롸이딩

3 중요 문장을 찾기 쉽습니다.

특히 중요한 문장은 일목요연하게 정리해서 알 수 있도록 하였습니다.

| 액티비티를 신청하고 싶은데요. | **I'd like to apply for an activity.** |
아이드 라익 투 어플라이 포 언 액티비티.

4 상대의 말도 알 수 있도록 하였습니다.

현지 사람이 자주 사용하는 문장도 적혀 있습니다. 사전에 체크해 놓으면, 당황하지 않고 대화를 이어갈 수 있을 것입니다.

| 도와드릴까요? | **May I help you?** |
메 아이 헬프 유 ?

5 주고받는 대화 형식으로 내용을 파악할 수 있습니다.

실제 대화 내용을 적어놨기 때문에 어떻게 대화를 주고받으면 좋을지를 알 수 있습니다.

잡화나 액세서리도 사러 가 봅시다.

짐칸 쓰거나, 선물용으로 너무 값고 싶은 귀여운 잡화나 액세서리들은 한국에 다시 들어와서도 여행을 떠올리게 하는 소중한 보물이 되어 줄 것입니다.

마음에 드는 상품 찾아봅시다~		
숍 윈도우 진열대에 있는 접시 보여줄 수 있나요?	**Can I see the plate in the shop window?** 캔 아이 씨 더 플레이트 인 더 샵 윈도우?	
이 보석은 뭔가요?	**What is this stone?** 왓 이즈 디스 스톤?	
어디에서 만들어졌나요?	**Where is this made?** 웨얼 이즈 디스 메이드?	
어느 정도 긴 것을 원하시나요?	**How long do you want?** 하우 롱 두 유 원트?	
2m 정도 원합니다.	**I'll take two meters of it.** 아일 테이크 투 미터즈 어브 잇	
선물용으로 포장해 주세요.	**Could you gift-wrap it?** 쿠 쥬 기프트 랩 잇?	
따로따로 포장해 주세요.	**Could you wrap these individually?** 쿠 쥬 랩 디즈 인디비쥬얼리?	
리본도 묶어 주세요.	**Could you put some ribbons on?** 쿠 쥬 풋 썸 리본즈 온?	
망가지지 않게 포장해 주세요.	**Could you wrap it so it doesn't break?** 쿠 쥬 랩 잇 쏘 잇 더즌 브레이크?	
이것은 몇 캐럿인가요?	**What carat is this?** 왓 캐럿 이즈 디스?	

50

어서오세요. 천천히 둘러 보세요.
Hi. Take your time.
하이, 테이 유얼 타임.

이것은 오래된 것인가요?
How old is this?
하우 올드 이즈 디스?

안녕하세요.
Hi.
하이

어서오세요.
Hi. What can I get you?
하이 왓 캔 아이 겟 유?

LOOK

일러스트 & 사진 단어

잘 모르는 경우 손가락을 짚거나,
상대도 짚어서 소통할 수 있는 일러
스트나 사진이 많이 들어 있습니다.
각 상황에서 필요한 단어를 바꿔서
사용해도 좋습니다.

※ ●=한국어를 나타냅니다.

현지 사람과 즐겁게
대화해 봅시다♪

인덱스

상황별로 인덱스를 나
누어 놓았기 때문에
바로 필요한 문장을
찾을 수 있습니다.

회화 수첩으로 적극적으로 현지 사람들과 의사소통해 보는 방법!

비결 1 책의 가장 앞부분에 나오는 인사나 기본 문장을 사전에 외워둡시다.

간단한 인사나 기본이 되는 문장을 외워 두면 유사시에 편리합니다.
P.8

비결 2 사진과 일러스트 단어를 상대방에게 보여주며 의사 전달합니다.

하고 싶은 말이 잘 전달되지 않을 때에는 사진이나 일러스트를 보여서 본인의 의사를 전달해 봅시다.
P.32, 62, 81

비결 3 한국의 문화를 소개하고 적극적으로 의사소통을 해 봅시다.

한국 문화에 관심을 갖고 있는 외국인들이 많습니다. 한국에 대해 소개하면서 대화를 이어나가 봅시다.
P.152

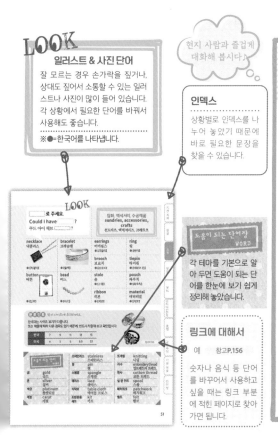

도움이 되는 단어장 WORD

각 테마를 기본으로 알
아 두면 도움이 되는 단
어를 한눈에 보기 쉽게
정리해 놓았습니다.

링크에 대해서

예 참고 P.156

숫자나 음식 등 단어
를 바꾸어서 사용하고
싶을 때는 링크 부분
에 적힌 페이지로 찾아
가면 됩니다.

발음, 읽는 법에 대해서

각각의 문장, 단어에는 한국어 발음 표기를 붙여 놓
았습니다. 그대로 읽으면 현지 말에 가까운 발음이 되
도록 고민하였으니 적극적으로 목소리를 내서 이야
기해 보세요.
가능한 한 영어 발음에 가깝게 발음할 수 있도록 노
력해 보세요.

● 회화 수첩으로 적극적으로 현지 사람들과 의사소통해 보는 방법!

비결 1. 책의 가장 앞부분에 나오는 인사나 기본 문장을 사
전에 외워 둡시다.
간단한 인사나 기본이 되는 문장을 외워 두면 유사시에 편
리합니다.

비결 2. 사진과 일러스트 단어를 상대방에게 보여 주어서
의사 전달합니다.
하고 싶은 말이 잘 전달되지 않을 때에는 사진이나 일러스
트를 보여서 본인의 의사를 전달해 봅시다.

Contents

먼저 인사부터 시작해 봅시다.

의사소통의 첫 번째는 인사부터입니다.
먼저 기본 인사를 외운 뒤, 적극적으로 활용해서 말해 봅시다.

안녕하세요.(아침 인사) / 안녕하세요.(점심 인사) / 안녕하세요.(저녁 인사)
Good morning. / Good afternoon. / Good evening.
굿　　　모닝　　/　굿　애프터눈　　/　굿　　　이브닝

안녕.(일반적으로) / 안녕히 계세요.(정중하게)
Bye. / Good-bye.
바이　/　굿　　　바이

네 / 아니오
Yes. / No.
예스　/　노

좋은 하루 보내세요.
Have a nice day.
해브　　어 나이스 데이

감사합니다.
Thank you.
땡큐

천만에요.
You are welcome.
유　알　웰컴

나중에 봐! / 내일 봐
Bye. / See you tomorrow.
바이　/　씨　유　투모로우

인사의 포인트

일반적으로 안녕 하고 말할 때, 미국에서는 "Hi", 영국에서는 "Hello", 호주에서는 "G'Day" 라고도 말합니다.

처음 뵙겠습니다. 저는 김민희입니다.
Nice to meet you. I'm Minhee Kim.
나이스 투 미   츄   아임 민희   킴

만나 뵙게 되어서 기쁩니다.
I'm glad to see you.
아임 글래드 투 씨   유

한국에서 왔습니까?
Are you from Korea?
알 유   프롬   코리아 ?

네, 서울에서 왔습니다.
Yes, I'm from Seoul.
예스 아임 프롬   서울

실례합니다.(뭔가를 부탁할 때)   무슨 일 입니까?
Excuse me.   **Yes?**
익스큐즈   미   예스 ?

9

알아 두면 편리한 문장들을 모아 봤어요.

여행가기 전에 자주 사용하는 간단한 문장을 모아 봤습니다.
이것만으로도 의사소통의 깊이가 달라질 것입니다.

여행가기 전에 기억해 두면 현지에서 편리합니다.

얼마나 걸립니까?(거리, 시간)
How long does it take?
하우 롱 더즈 잇 테이크?

얼마입니까?
How much is it?
하우 머취 이즈 잇?

네, 부탁합니다. / 아니요, 괜찮습니다.
Yes, please. / No, thank you.
예스 플리즈 / 노 땡큐

이것은 무엇입니까?
What is this?
왓 이즈 디스?

잘 이해가 안 됩니다.
I don't understand.
아이 돈 언더스탠드

잘 모릅니다.
I don't know.
아이 돈 노우

다시 한번 말씀해 주세요.
Please repeat that again.
플리즈 리핏 댓 어게인

조금 더 천천히 말해 주시겠습니까?
Could you speak more slowly?
쿠 쥬 스픽 모어 슬로울리?

종이에 써 주시겠습니까?
Could you write it on the paper?
쿠 쥬 롸이트 잇 온 더 페이퍼?

한국어를 할 수 있는 사람이 있습니까?
Is there anyone who speaks Korean?
이즈 데어 애니원 후 스픽스 코리언?

아주 좋습니다. / 그저 그렇네요.
It's very good. / So so.
잇츠 베리 굿 / 쏘 쏘

좋아요. / OK / 안됩니다.
Sure. / OK. / No.
슈어 / 오케이 / 노

실례합니다.
Excuse me.
익스큐즈 미

죄송합니다.
I'm sorry.
아이엠 쏘리

저예요. / 당신입니다.
It's me. / It's you.
잇츠 미 / 잇츠 유

이쪽으로 오세요.
Come here.
컴 히어

언제? / 누구? / 어디 ? 왜?
When? / Who? / Where? / Why?
웬? / 후?/ 웨어?/ 와이?

11

알아 두면 편리한 문장들을 모아 봤어요 .

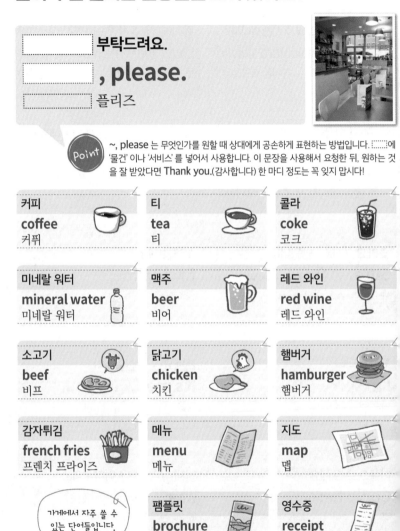

[   ] 부탁드려요.

[   ], please.

[   ] 플리즈

Point

~, please 는 무엇인가를 원할 때 상대에게 공손하게 표현하는 방법입니다. [   ]에 '물건'이나 '서비스'를 넣어서 사용합니다. 이 문장을 사용해서 요청한 뒤, 원하는 것을 잘 받았다면 Thank you.(감사합니다) 한 마디 정도는 꼭 잊지 맙시다!

커피	티	콜라
coffee	**tea**	**coke**
커퓌	티	코크

미네랄 워터	맥주	레드 와인
mineral water	**beer**	**red wine**
미네랄 워터	비어	레드 와인

소고기	닭고기	햄버거
beef	**chicken**	**hamburger**
비프	치킨	햄버거

감자튀김	메뉴	지도
french fries	**menu**	**map**
프렌치 프라이즈	메뉴	맵

가게에서 자주 쓸 수 있는 단어들입니다.

팸플릿	영수증
brochure	**receipt**
브로슈어	리싯

☐☐☐ 해도 되나요?

Can I ☐☐☐ ?

캔 아이 ☐☐☐ ?

Point Can I~? 는 '~ 을 해도 좋습니까?' 라는 의미로 상대에게 허가를 구하는 표현 방법 입니다. ☐☐☐에 본인이 하고 싶은 말을 넣어서 부탁합니다. 상대는 대개 **Yes.**(네) 또는 **No.**(아니오) 로 대답할 것입니다.

사진을 찍다
take a picture
테이크 어 픽처

화장실에 가다
go to the restroom
고우 투 더 레스트룸

주문하다
order
오더

여기에 앉다
sit here
씻 히어

창문을 열다
open the window
오픈 더 윈도우

예약하다
make a reservation
메이크 어 레저베이션

체크인하다
check in
체크 인

거기에 가다
go there
고우 데얼

여기에 있다
stay here
스테이 히얼

핸드폰을 사용하다
use the phone
유즈 더 폰

나중에 다시 전화하다
call you later
콜 유 레이터

쿠폰을 사용하다
use a coupon
유즈 어 쿠폰

도보로 그곳에 가다
walk there
워크 데얼

> 관광지에서 "사진을 찍어도 괜찮습니까?" 라고 물어 봅시다.

여기에서 지불하다
pay here
페이 히얼

13

알아 두면 편리한 문장들을 모아 봤어요.

> ☐ 어디에 있나요?
> # Where is ☐ ?
> 웨어 이즈 ☐

Point

Where is~? 는 장소를 묻는 표현입니다. 어딘가에 가고 싶을 때나 찾고 싶은 물건이 있을 때 사용합니다. ☐ 에 장소, 사람, 물건 등을 넣어 물어보면 됩니다.

나의 자리	화장실	역
my seat	**the restroom**	**the station**
마이 씻	더 레스트룸	더 스테이션

티켓 판매소	이 식당	지하철 역
the ticket booth	**this restaurant**	**the subway station**
더 티켓 부스	디스 레스토랑	더 서브웨이 스테이션

안내소	에스컬레이터	엘리베이터
the information center	**the escalator**	**the elevator**
디 인포메이션 센터	디 에스컬레이터	디 엘리베이터

계단	커피숍	은행
the stairs	**the coffee shop**	**the bank**
더 스테어즈	더 커피 샵	더 뱅크

> 길을 걸을 때와 건물 안에 있을 때 등 다양한 상황에서 사용할 수 있습니다.

	우체국	경찰서
	the post office	**the police station**
	더 포스트 오피스	더 폴리스 스테이션

14

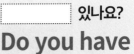

있나요?

Do you have □ ?

두 유 헤브 □ ?

> **Point**
> Do you have~? 는 '~ 는 있습니까?'라고 물을 때 쓰는 표현 방법입니다.
> □ 에 물건이나 요리 등을 넣어서 가게에서 본인이 원하는 것을 살 때 사용
> 하거나, 식당에서 주문할 때 사용합니다.

약 **medicines** 메디슨	우유 **milk** 밀크	잡지 **a magazine** 어 매거진
초콜릿 **chocolates** 초콜렛	후추 **pepper** 페퍼	버터 **butter** 버터
잼 **jam** 잼	케첩 **ketchup** 케첩	소금 **salt** 솔트
변압기 **a transformer** 어 트랜스포머	종이 냅킨 **paper napkins** 페이퍼 냅킨스 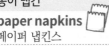	건전지 **batteries** 배러리스
복사기 **a copy machine** 어 커피 머신	생리대는 Sanitary napkin 라고 합니다.	가위 **scissors** 시저스

15

알아 두면 편리한 문장들을 모아 봤어요 .

|　　　　　|을/를 찾고 있어요.

I'm looking for |　　　　　| .

아이엠 루킹 포 |　　　　　|

Point
I'm looking for~ 는 ' ~ 을 찾고 있습니다' 라고 상대에게 말을 전달하는 표현입니다. 없어진 물건, 사고 싶은 물건, 갖고 싶은 물건 뿐만 아니라, 가고 싶은 장소 등을 말할 때에도 사용합니다.

나의 지갑	나의 여권	나의 카메라
my wallet 마이 월렛	**my passport** 마이 패스포트	**my camera** 마이 카메라

화장실	출구	입구
a restroom 어 레스트룸	**an exit** 언 익싯	**an entrance** 언 엔트렌스

티셔츠	신발	가방
T-shirts 티 셔츠	**shoes** 슈즈	**bag** 백

화장품	슈퍼	환전소
cosmetics 코스메틱스	**a supermarket** 어 슈퍼마켓	**a money exchange** 어 머니 익스체인지

사람을 찾을 때에도 사용할 수 있습니다.

서점	진통제
a bookstore 어 북스토어	**aspirins** 아스피린스

□□□□ 해 주실 수 있나요?

Could you □□□□ ?

쿠 쥬 □□□□ ?

Point

Could you~? 는 '~ 해 주시지 않겠습니까?' 라고 정중하게 상대에게 말을 할 때 쓰는 표현입니다. □□□□ 에 '상대가 나에게 해 주길 바라는 것' 을 넣어서 사용합니다.

부탁을 들어주다
do me a favor
두 미 어 페이버

도와주다
help me
헬프 미

다시 말하다
say that again
세이 뎃 어게인

좀 더 천천히 말하다
speak more slowly
스픽 모어 슬로울리

말한 것을 쓰다
write down what you said
롸이트 다운 왓 유 세드

택시를 부르다
call me a taxi
콜 미 어 택시

길을 알려 주다
show me the way
쇼 미 더 웨이

담요를 주다
give me a blanket
기브 미 어 블랜킷

의사를 부르다
call for a doctor
콜 포 어 닥터

잠시 기다리다
wait a minute
웨이트 어 미닛

찾다
look for it
룩 포 잇

주변을 안내하다
show me around
쇼 미 어라운드

짐을 옮기다
carry the luggage
캐리 더 러기지

Can you~?나 Will you~?보다도 더 정중한 표현 방법입니다.

주소를 알려 주다
tell me your address
텔 미 유어 어드레스

기본회화

관광

쇼핑

맛집

뷰티

엔터테인먼트

호텔

교통수단

기본정보

단어장

17

미국 & 영국 & 호주의 영어는 조금씩 다릅니다.

미국식 영어와 영국식 영어의 차이점을 알아봅시다.

> 단어나 의미, 철자법, 발음 등이 다릅니다.

단어가 다른 것

의미	미국식 영어	영국식 영어
엘리베이터	elevator 엘리베이터	lift 리프트
지하철	subway 서브웨이	underground 언더그라운드
1층	first floor 퍼스트 플로워	ground floor 그라운드 플로워
예약	reservation 레저베이션	booking 부킹
휘발유	gasoline 가솔린	petrol 페트롤
왕복 티켓	round-trip ticket 라운드 트립 티켓	return ticket 리턴 티켓

의미가 다른 것

영어	미국에서는	영국에서는
first floor 퍼스트 플로어	1층	2층
bakery 베이커리	빵집	빵 제작소
chicken 치킨	닭	병아리
corn 콘	옥수수	밀
pants 팬츠	바지	남성 속옷
pocket-book 포켓 북	수첩	우편 엽서

호주식 영어를 마스터해 봅시다.

> 호주인이 쓰는 영어에는 독특한 발음이나 표현이 있습니다.

호주식 영어	의미	영어	호주식 영어	의미	영어
tah 타	감사합니다	Thank you	ya 야	당신, 너	you
arvo 알보	오후	afternoon	Cuppa 카퍼	차 한 잔	cup of tea
Bonza! 본자!	멋져! 굉장해!	Great!	tucker 터컬	음식	food
bottleshop 바틀 샵	주류 판매점	liquor store	breaky 브레이키	아침	breakfast
take away 테이크 어웨이	포장 판매	take out to go	petrol station 페트롤 스테이션	주유소	gas station
lift 리프트	엘리베이터	elevator	outback 아웃백	호주 내부의 사막 오지	
mate 메이트	친구라는 의미의 mate는 호주에서는 사랑하는 마음을 담아서 문장 말미에 붙입니다. G'day, mate(굿 데이 메이트 = 안녕하세요), No worries, mate!(노 워리즈, 메이트 = 걱정하지 마!) 등이 있습니다.				

이런 상황에서
실제로 사용해 봅시다.

여행지에서는 여러 가지 상황에 마주치게 됩니다.

맛있는 요리를 먹고 만족하거나, 쇼핑 중 눈에 들어온 아이템을 사거나 할 것입니다. 길을 잃어버리거나, 물건을 잃어버리는 경우도 있을지도 모릅니다. 좋은 추억을 만들기 위해 유사시에 여러분에게 도움을 줄 수 있는 것은 현지인들과의 회화입니다.

현지 사람들과 적극적으로 의사소통을 하면서, 여행을 보다 풍부하고 재미있게 만들어 봅시다.

뷰티
Beauty

쇼핑
Shopping

엔터테인먼트
Entertainment

맛집
Gourmet

관광
Sights

먼저 길거리를 거닐어 볼까요?

여행지에서 거리를 산책하는 것은 매우 두근거리는 일이지요.
거리를 걸을 때, 알아 두면 도움이 되는 문장들을 모아 봤습니다.

길을 묻는 표현

잠시 실례합니다.	**Excuse me.** 익스큐즈 미
메트로폴리탄 미술관에 가고 싶습니다.	**I'd like to go to the Metropolitan Museum of Art.** 아이드 라익 투 고우 투 더 메트로폴리탄 뮤지엄 오브 아트 참고 P.32
이 주소로 가고 싶은데요.	**How can I get to this address?** 하우 캔 아이 겟 투 디스 애드레스?
이 지도에서는 어디입니까?	**Where is it on this map?** 웨얼 이즈 잇 온 디스 맵?
길을 잃어버렸습니다.	**I'm lost.** 아임 로스트
(지도를 보여주면서) 여기는 어디입니까?	**Where am I?** 웨얼 엠 아이?
여기는 무슨 거리입니까?	**What is this street's name?** 왓 이즈 디스 스트릿츠 네임?
가장 가까운 역은 어디입니까?	**Where is the nearest station?** 웨얼 이즈 더 니어리스트 스테이션?
걸어서 거기까지 갈 수 있습니까?	**Can I walk there?** 캔 아이 워크 데얼?
어떤 버스로 갈 수 있습니까?	**Which bus should I take?** 위치 버스 슈드 아이 테이크?

> 지도를 펼쳐서 어슬렁거리고 있으면 소매치기와 같은 범죄의 타깃이 되기 쉬우므로 행동을 조심합시다. 길을 묻고 싶을 때는 여러 사람에게 물어보는 것이 좋습니다.

실례합니다.
Excuse me.
익스큐즈 미

도와주셔서 감사합니다.
Thank you for your help.
땡큐 포 유어 헬프

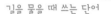

길을 물을 때 쓰는 단어

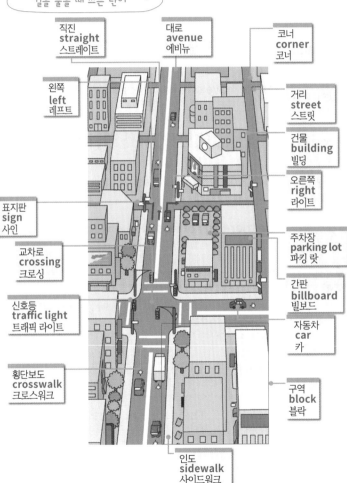

직진
straight
스트레이트

대로
avenue
에비뉴

코너
corner
코너

왼쪽
left
레프트

거리
street
스트릿

건물
building
빌딩

오른쪽
right
라이트

표지판
sign
사인

교차로
crossing
크로싱

신호등
traffic light
트래픽 라이트

횡단보도
crosswalk
크로스워크

주차장
parking lot
파킹 랏

간판
billboard
빌보드

자동차
car
카

구역
block
블락

인도
sidewalk
사이드워크

21

먼저 길거리를 거닐어 볼까요?

관광 안내소를 이용해 봅시다

관광안내소는 어디입니까?	**Where is the tourist information center?** 웨얼 이즈 더 투어리스트 인포메이션 센터?
관광 팸플릿을 주세요.	**Can I have a sightseeing brochure?** 캔 아이 헤브 어 사이트시잉 브로슈어?
한국어판이 있습니까?	**Do you have one in Korean?** 두 유 헤브 원 인 코리안?
무료 지도는 있습니까?	**Do you have a free map of this area?** 두 유 헤브 어 프리 맵 오브 디스 에리아?
이 거리의 볼만한 곳을 알려 주세요.	**Could you recommend some interesting places?** 쿠 쥬 레코멘드 썸 인터레스팅 플레이스즈?
당일치기로 갈 수 있는 곳을 알려 주세요.	**Are there any places for a day trip?** 알 데얼 애니 플레이스즈 포 어 데이 트립?
경치가 예쁜 곳은 어디 있습니까?	**Where is a place with a nice view?** 웨얼 이즈 어 플레이스 윗 어 나이스 뷰?
여기는 오늘 문을 여나요?	**Is it open today?** 이즈 잇 오픈 투데이?
쉬는 날은 언제입니까?	**When do they close?** 웬 두 데이 클로즈?
화요일입니다. / 매일 열어요.	**Tuesday. / They are open every day.** 튜즈데이 / 데이 알 오픈 에브리 데이

참고 P.157

| 버킹엄 궁전에서 근위대 교대식을 보고 싶습니다. | I'd like to see the changing of the guard at Buckingham Palace. |
| | 아이드 라익 투 씨 더 체인징 오브 더 가드 앳 버킹엄 팰리스. |

참고 P.32

| 가는 방법을 알려 주세요. | Could you tell me how to go there? |
| | 쿠 쥬 텔 미 하우 투 고우 데얼? |

| 지하철로 갈 수 있습니까? | Can I go there by subway? |
| | 캔 아이 고우 데얼 바이 서브웨이? |

| 이 지도로 알려 주세요. | Could you tell me on this map? |
| | 쿠 쥬 텔 미 온 디스 맵? |

| 이 근처에 공중전화가 있습니까? | Is there a pay phone near here? |
| | 이즈 데얼 어 페이 폰 니얼 히어? |

| (제대로 알아듣지 못했을 때) 다시 한 번 말씀해 주세요. | Could you repeat it again? |
| | 쿠 쥬 리핏 잇 어게인? |

| 여기서 먼가요? | Is it far from here? |
| | 이즈 잇 파 프롬 히어? |

| 가깝습니다 / 버스로 10분 정도 걸립니다. | No, it's not. / It's ten minutes by bus. |
| | 노우 잇츠 낫 / 잇츠 텐 미닛 바이 버스 |

참고 P.156

| 여기 랜드마크가 있나요? | Are there any landmarks? |
| | 알 데얼 애니 랜드마크스? |

| 오른쪽에 있나요? 왼쪽에 있나요? | Is it on the right or the left? |
| | 이즈 잇 온 더 라이트 오어 더 레프트? |

| 약도를 그려주실 수 있으신가요? | Could you draw me a map? |
| | 쿠 쥬 드로우 미 어 맵? |

먼저 길거리를 거닐어 볼까요?

관광지에서

사진을 찍어 주시겠습니까?	**Could you take a picture?** 쿠 쥬 테이크 어 픽쳐?
(셔터 버튼을 가리키면서)여기를 눌러 주세요.	**Press this, please.** 프레스 디스 플리즈
비디오를 찍어도 되나요?	**Can I take a video?** 캔 아이 테이크 어 비디오?
플래시를 터트려도 되나요?	**Can I use a flash?** 캔 아이 유즈 어 플래쉬?
건물 안으로 들어갈 수 있습니까?	**Can I go inside this building?** 캔 아이 고우 인사이드 디스 빌딩?
저것은 무엇입니까?	**What is that?** 왓 이즈 댓?
저 교회의 이름은 무엇입니까?	**What's the name of that church?** 왓츠 더 네임 오브 댓 철취?

도움이 되는 단어장 WORD

		광장	plaza 플라자
		공원	park 파크
관광안내소	tourist information center 투어리스트 인포메이션 센터	강	river 리버
성	castle 캐슬	섬	island 아일랜드
대성당	cathedral 캐티드럴	운하	canal 캐널
미술관	art museum 아트 뮤지엄	다리	bridge 브릿지

거리	street 스트릿
대로	avenue 에비뉴
세계유산	World Heritage 월드 헤뤼티지
유적	ruin 루인
궁전	palace 팔레스
정원	garden 가든

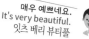
매우 예쁘네요.
It's very beautiful.
잇츠 베리 뷰티풀

입구는 어디입니까?

Where is the entrance?
웨얼   이즈 디 엔터런스 ?

입장료는 얼마입니까?

How much is the admission?
하우 머취   이즈 디 에드미션 ?

어른 두 명입니다.

Two adults, please.
투   어덜츠 플리즈

참고 P.156

오늘은 몇 시까지
문을 여나요?

How late are you open today?
하우 레잇 알 유   오픈 투데이 ?

선물 가게는 어디에
있나요?

Where is the gift shop?
웨얼   이즈 더 기프트 샵 ?

몇 시부터 조명이
켜지나요?

What time does the illumination go on?
왓   타임   더즈 더   일루미네이션   고우 온 ?

쉴 수 있는 곳은
어디에 있나요?

Is there a place where I can rest?
이즈 데얼 어 플레이스 웨얼   아이 캔 뤠스트 ?

짐을 맡길 수 있나요?

Could you keep my luggage?
쿠   쥬   킵   마이 러기쥐 ?

교회	church 철취	묘지	graveyard 그레이브야드
		탑	tower 타워
예배당	chapel 채플	동물원	zoo 주
스테인글라스	stained glass 스테인드 글래스	수족관	aquarium 아쿠아리움
전망대	observatory 옵절버토리	크루즈	cruise 크루즈
		야경	night view 나이트 뷰
분수	fountain 파운틴
해안	beach 비취
플리 마켓	flea market 플리 마켓
티켓	ticket 티켓
매점	stand 스탠드
팸플릿	brochure 브로슈어

25

미술관, 박물관에서 명화&작품 감상을 합시다.

여행지에서 느긋하게 미술 감상을 해 봅시다. 마음에 드는 작품과 만날지도 모릅니다.

빨리 안으로 들어가 봅시다

티켓 판매소는 어디인가요?	**Where is the ticket booth?** 웨얼 이즈 더 티켓 부스?
관 내부를 볼 수 있는 지도가 있나요?	**Do you have a floor map?** 두 유 헤브 어 플로어 맵?
한국어 팸플릿이 있습니까?	**Do you have a Korean brochure?** 두 유 헤브 어 코리안 브로슈어?
개관 [폐관] 시간은 언제입니까?	**What time do you open[close]?** 왓 타임 두 유 오픈 [클로즈]?
박물관 기념품숍은 있나요?	**Is there a museum shop?** 이즈 데얼 어 뮤지엄 숍?
로커는 있나요?	**Is there any locker?** 이즈 데얼 애니 로커?

박물관 기념품숍을 방문해 봅시다! 아이디어가 넘치는 독특한 상품들을 구경하는 것만으로도 즐거울 거예요!

메트로폴리탄 미술관의 소장 작품과 화가

페르메이르	모네	「수련」
Johannes Vermeer 요하네스 베르메르	**Claude Monet** 클로드 모네	**Water Lilies** 워터 릴리스
잠이 든 소녀	드가	「발레 수업」
A Girl Asleep 어 걸 어슬립	**Edgar Degas** 에드가 드가	**The Dance Class** 더 댄스 클래스
	피카소	「맹인의 식사」
	Pablo Picasso 파블로 피카소	**The Blind Man's Meal** 더 블라인드 맨즈 밀

입장료에 관해서

미국에서는 미술관에 따라서는 "Suggested price" (추천 요금)라는 것이 있어서 반드시 전액을 내지 않아도 되는 경우도 있습니다. 또 영국에서는 무료인 박물관이 많습니다. 모금 상자가 설치되어 있는 곳도 있으니 기부를 해 보는 것은 어떨까요?

느긋하게 둘러보고 싶어요

지금 어떤 특별한 전시를 하고 있습니까?
Do you have any special exhibitions now?
두 유 헤브 애니 스페셜 익스히비션스 나우?

모네의 그림은 어디에 있습니까?
Where is the Monet Exhibit?
웨얼 이즈 더 모네 익씨빗?

오디오 가이드 부탁드립니다.
May I have an audio guide, please.
메이 아이 헤브 언 오디오 가이드 플리즈

작품 관람 경로는 여기서부터 맞습니까?
Is this the correct way?
이즈 디스 더 커렉트 웨이?

사진을 찍어도 괜찮습니까?
May I take a photo?
메 아이 테이크 어 포토?

가장 가까운 화장실은 어디입니까?
Where is the nearest restroom?
웨얼 이즈 더 니어리스트 레스트룸?

출구는 어디입니까?
Where is the exit?
웨얼 이즈 더 익씻?

대영박물관의 소장품

로제타석
Rosetta Stone
로제타 스톤

람세스 2세의 흉상
Colossal bust of Ramses II
콜러설 버스트 오브 람시스 투

사자의 서
Book of the Dead
북 오브 더 데드

라마수 석상
Colossal statue of a winged lion
콜러설 스테츄 오브 어 윙드 라이온

엘긴 마블스
Elgin Marbles
엘긴 마블스

헤르메스 상
Marble statue of Hermes
마블 스테츄 오브 헤르메스

디 박사의 마법 거울
Dr. Dee's Magical Mirror
닥터 디스 매지컬 미러

포틀랜드 항아리
The Portland Vase
더 포틀랜드 베이스

27

관광지에서 출발하는 투어에 참가해 봅시다.

어디를 돌아다니면 좋을까 하고 고민될 때는 현지에서 진행하는 투어에 참가하는 것을 추천해드립니다. 코스, 일정, 조건 등을 확인하고, 마음에 드는 투어를 선택해 봅니다.

> 투어 내용을 확인해 봅시다

차이나타운에 가는 투어가 있습니까?	**Is there a tour that visits Chinatown?** 이즈 데얼 어 투어 뎃 비짓 차이나타운? <small>참고 P.32</small>
하루 종일[반나절] 동안 하는 투어가 있습니까?	**Do you have a full[half] day tour?** 두 유 헤브 어 풀[하프] 데이 투어?
몇 시까지 거기에 있어야 하나요?	**What time do we have to be there?** 왓 타임 두 위 헤브 투 비 데얼?
출발은 어디서부터 입니까?	**Where will we leave from?** 웨얼 윌 위 리브 프롬?
픽업 서비스는 포함되어 있습니까?	**Does it include a pickup service?** 더즈 잇 인클루드 어 픽업 서비스?
식사가 포함된 금액입니까?	**Does it include the meal?** 더즈 잇 인클루드 더 밀?

도움이 되는 단어장 WORD

예약	reservation 레저베이션	당일치기 왕복 여행	day trip 데이 트립	추천	recommendation 레코멘데이션
		요금	fare 페어	식사	meal 밀
팸플릿	brochure 브로슈어	입장료	admission 어드미션	버스	bus 버스
오전	a.m. 에이엠	투어 요금	tour fare 투어 페어	야경	night view 나이트 뷰
오후	p.m. 피엠	취소 요금	cancellation fee 캔슬레이션 피	어른	adult 어덜트
		지불	payment 페이먼트	아이	child 차일드

그 투어는 어디를 방문합니까?	**Where does the tour visit?** 웨얼 더즈 더 투어 비짓?
뉴욕 호텔에서부터 참가할 수 있습니까?	**Can we join from the New York Hotel?** 캔 위 조인 프롬 더 뉴욕 호텔?
뉴욕 호텔에서 내려주실 수 있습니까?	**Could you drop us at the New York Hotel?** 쿠 쥬 드랍 어스 엣 더 뉴욕 호텔?
한국어 가이드는 있나요?	**Does it have a Korean guide?** 더즈 잇 헤브 어 코리안 가이드?
화장실은 어디입니까?	**Where is the restroom?** 웨얼 이즈 더 레스트룸?
몇 시에 출발입니까?	**What time does it leave?** 왓 타임 더즈 잇 리브?
우리는 투어에 늦었습니다.	**We are late for the tour.** 위 알 레잇 포 더 투어
투어를 취소하고 싶습니다.	**I'd like to cancel the tour.** 아이드 라익 투 캔슬 더 투어
이것으로 신청합니다.	**I'll take this.** 아일 테이크 디스
몇 시까지 여기로 돌아오면 되나요?	**What time should I be back here?** 왓 타임 슈드 아이 비 백 히얼?
거기에 도착하는데 얼마나 걸리나요?	**How long does it take to get there?** 하우 롱 더즈 잇 테이크 투 겟 데얼?
매우 재밌었어요, 감사합니다.	**I had a great time, thank you.** 아이 헤드 어 그레잇 타임 땡큐

리조트에서 액티비티를 즐겨 봅시다.

한국에서는 체험할 수 없는 액티비티를 해 보는 것도 여행의 매력입니다.
초급자를 위한 투어라면 처음이어도 안심하고 시도해 볼 수 있을 거에요.

투어 내용을 확인해 봅시다

액티비티 신청하고 싶습니다.	**I'd like to apply for an activity.** 아이드 라익 투 어플라이 포 언 액티비티
어떤 액티비티가 있습니까?	**What kind of activities do you have?** 왓 카인드 오브 액티비티즈 두 유 헤브?
액티비티 팸플릿 좀 주세요.	**Can I have a brochure of the activity?** 캔 아이 헤브 어 브로슈어 오브 디 액티비티?
승마를 하고 싶은데요.	**I'd like to go horseback riding.** 아이드 라익 투 고우 홀스백 라이딩
몇 시부터[까지] 입니까?	**What time does it start[end]?** 왓 타임 더즈 잇 스타트[엔드]?
이 액티비티를 신청하고 싶습니다.	**I'd like to join this activity.** 아이드 라익 투 조인 디스 액티비티

액티비티 단어장 WORD					
카누	canoe 카누	패러세일링	parasailing 패러세일링	번지 점프	bungee jump 번지점프
자연관광투어	nature walk tour 네이처 워크 투어	스노쿨링	snorkeling 스노쿨링	제트 스키	jet ski 제트 스키
래프팅	rafting 래프팅	다이빙	diving 다이빙	서핑	surfing 서핑
스카이다이빙	sky diving 스카이 다이빙	고래 투어	whale-watching 웨일 워칭	골프	golf 골프
		기구 타기	ballooning 벌루닝	스키	ski 스키
		야간 투어	night walk 나이트 워크	사격	shooting 슈팅

보험을 들어 둡시다.

투어에 따라서는 현지에 도착한 이후에 간단하게 신청할 수 있는 것도 있습니다. 만일의 경우를 대비하여, 해외여행보험에 가입해 두는 것이 좋습니다!

집합 장소는 어디입니까?

Where should we meet?
웨얼 슈드 위 밋?

한국어를 할 수 있는 스탭이 있습니까?

Is there anyone who speaks Korean?
이즈 데얼 애니원 후 스픽스 코리안?

그것은 위험합니까?

Is it dangerous?
이즈 잇 댄져러스?

보험 계약의 내용은 반드시 확인하고 서명합시다.

보험에 가입되어 있습니까?

Are you insured?
알 유 인슈어러드?

필요한 준비물이 있습니까?

Do I have to bring anything?
두 아이 헤브 투 브링 에니띵?

기구는 빌릴 수 있나요?

Could you lend me the equipment?
쿠 쥬 랜드 미 디 이큅먼트?

기구의 렌트비는 얼마인가요?

How much is it to rent the equipment?
하우 머춰 이즈 잇 투 렌트 디 이큅먼트?

구명복이 없습니다.

I don't have a life jacket.
아이 돈 헤브 어 라이프 재킷

이 기구는 망가져 있습니다.

This equipment is broken.
디스 이큅먼트 이즈 브로큰

고래는 어디에 있나요?

Where is the whales?
웨얼 이즈 더 웨일스?

31

LOOK

☐ 에 가고 싶어요.
I'd like to go to ☐ .
아이드 라익 투 고우 투 ☐

관광지
sights
사이츠

미국입니다.

17 Mile Drive
세븐틴 마일 드라이브

● 【17 마일 드라이브】

Grand Canyon
그랜드 캐니언

● 【그랜드 캐니언】

Death Valley National Park
데스 밸리 네셔널 파크

● 【데스밸리 국립공원】

Yosemite National Park
요세미티 네셔널 파크

● 【요세미티 국립공원】

Hollywood
할리우드

● 【할리우드】

Chinese Theater
차이니즈
씨어터

● 【차이니즈 씨어터】

Rodeo Drive
로데오 드라이브

● 【로데오 드라이브】

Santa Monica Beach
산타
모니카
비치

● 【샌타모니카 해변】

Golden Gate Bridge
골든 게이트 브릿지

● 【금문교】

Fisherman's Wharf
피셔맨스 워프

● 【피셔맨스워프】

Alcatraz Island
알카트라즈 아일랜드

● 【알카트라즈 섬】

Las Vegas
라스베이거스

● 【라스베이거스】

Space Needle
스페이스
니들

● 【스페이스 니들】

Napa Valley
나파 밸리

● 【나파 밸리】

Sonoma Valley
소노마 밸리

● 【소노마 밸리】

Statue of Liberty
스테츄 오브 리버티

● 【자유의 여신상】

Fifth Avenue
피프스 에비뉴

● 【5번가】

Central Park
센트럴 파크

● 【센트럴 파크】

Empire State Building
엠파이어 스테이트 빌딩

● 【엠파이어 스테이트 빌딩】

Rockefeller Center
록펠러 센터
● 【록펠러 센터】

Broadway
브로드웨이
● 【브로드웨이】

Times Square
타임스퀘어

● 【타임스퀘어】

Time Warner Center
타임 워너 센터

● 【타임 워너 센터】

Museum of Modern Art (MOMA)
뮤지엄 오브
모던 아트

● 【모마 미술관】

American Museum of Natural History
아메리칸 뮤지엄
오브 네츄럴 히스토리

● 【미국 자연사 박물관】

Lincoln Center for the Performing Arts
링컨 센터 포 더
퍼포밍 아츠

● 【링컨 센터】

New York Public Library
뉴욕 퍼블릭
라이브러리

● 【뉴욕 공립 도서관】

Radio City Music Hall
라디오시티
뮤직홀

● 【라디오 시티 뮤직홀】

Grand Central Station
그랜드 센트럴
스테이션

● 【그랜드 센트럴 역】

Brooklyn Bridge
브루클린 브릿지

● 【브루클린 브리지】

Metropolitan Museum of Art
메트로폴리탄
뮤지엄 오브 아트

● 【메트로폴리탄 미술관】

The New York Botanical Garden
더 뉴욕
보태니컬 가든

● 【뉴욕 보태니컬 가든】

South Street Seaport
사우스 스트리트
시포트

● 【사우스 스트리트 시포트】

Union Square Greenmarket
유니온 스퀘어
그린마켓

● 【유니온 스퀘어 그린마켓】

United Nations Headquarters
유나이티드 네이션즈
헤드쿼터스

● 【국제 연합 본부】

New York Stock Exchange
뉴욕 스톡 익스체인지

● 【뉴욕 증권 거래소】

Museum of Fine Arts, Boston
뮤지엄 오브 파인
아츠 , 보스턴

● 【보스턴 미술관】

Waikiki
와이키키

● 【와이키키】

Ala Moana Center
알라모아나 센터

● 【알라모아나 센터】

Diamond Head
다이아몬드헤드

● 【다이아몬드헤드】

King Kamehameha Statue
킹 카메하메아 스테츄

● 【카메하메아 대왕 동상】

Heleakala
할레아칼라

● 【할레아칼라산】

Kīlauea
킬라우에아

● 【킬라우에아】

North Shore
노스 쇼어

● 【노스쇼】

LOOK

□□□□□ 는 어디입니까?
Where is □□□□□ **?**
웨얼 이즈 □□□□□

영국입니다.

Buckingham Palace
버킹엄 팰레스

● 【버킹엄 궁전】

Westminster Abbey
웨스트민스터 에비

● 【웨스트민스터 사원】

Big Ben
빅 벤

● 【빅 벤】

Trafalgar Square
트라팔가르 스퀘어

● 【트라팔가르 광장】

Tower of London
타워 오브 런던

● 【런던 타워】

Piccadilly Circus
피커딜리 서커스

● 【피커딜리 서커스】

London Eye
런던 아이

● 【런던 아이】

British Museum
브리티쉬 뮤지엄

● 【영국 박물관】

National Gallery
내셔널 갤러리

● 【내셔널 갤러리】

Tower Bridge
타워 브릿지

● 【타워 브리지】

Natural History Museum
내추럴 히스토리 뮤지엄

● 【자연사 박물관】

The Regent's Park
더 리젠트 파크

● 【리젠트 파크】

Stonehenge
스톤헨지

● 【스톤헨지】

Canterbury Cathedral
캔터베리 케티드럴

● 【캔터베리 대성당】

Edinburgh Castle
에든버러 캐슬

● 【에든버러 성】

호주입니다.

Sydney Opera House
시드니 오페라 하우스

● 【시드니 오페라 하우스】

Sydney Harbour Bridge
시드니 하버 브리지

● 【시드니 하버 브리지】

Blue Mountains National Park
블루 마운틴 내셔널 파크
● 【블루마운틴 국립공원】

Kuranda
쿠란다
● 【쿠란다】

Hinterland
힌터랜드

● 【힌터랜드】

도시 산책

town walk
타운 워크

bus stop
버스 스탑

● 【버스정류장】

hotel
호텔

● 【호텔】

station
스테이션

● 【역】

bank
뱅크

● 【은행】

ATM
에이티엠

● 【ATM】

bill
빌

● 【지폐】

coins
코인즈

● 【동전】

money exchange
머니 익스체인지

● 【화폐 교환】

toilet
토일렛

● 【화장실】

pay phone
페이 폰
● 【공중전화】

movie theater
무비 씨에터
● 【영화관】

kiosk
키오스크
● 【키오스크】

department store
디파트먼트 스토어
● 【백화점】

supermarket
슈퍼마켓

● 【슈퍼】

restaurant
레스토랑

● 【레스토랑】

café
카페

● 【카페】

pub
펍

● 【펍】

deli
델리

● 【식품 판매점】

grocery store
그로서리 스토어

● 【식료품 잡화점】

drugstore
드러그스토어

● 【약국】

antique shop
앤티크 샵

● 【앤티크 샵】

bookstore
북스토어

● 【서점】

record shop
레코드 숍

● 【음반 가게】

florist
플로리스트

● 【꽃집】

library
라이브러리

● 【도서관】

35

미국과 영국의 화장실에 대해서 살짝 설명해 드리겠습니다.

한국과 상황이 다른 해외 화장실과 식수에 관해 알려 드립니다.
건강하게 여행을 즐기기 위해서라도 반드시 알아 둡시다.

「화장실이 어디입니까?」
Where is the restroom?
웨얼 이즈 더 레스트룸

미국에서는

화장실

Q. 공중 화장실이 있나요?

A. 미국에서는 개인 신변 보호면에서 불안한 경우가 있기 때문에 공중 화장실의 수가 적습니다. 호텔을 나갈 때나 레스토랑에서 반드시 이용하도록 합니다. 거리를 걸을 때 이용하고자 하는 경우에는 백화점이나 대형 호텔 로비, 도서관 등의 공공 시설의 화장실이 깨끗하고 들어가기 쉽습니다. 또는 스타벅스 등의 커피숍의 화장실을 이용하는 것이 좋습니다.

사전에 화장실을 이용할 수 있는 장소를 체크해 둡시다.

Q. 확실히 문을 닫지 않는다는 것이 진짜일까요?

A. 한국과는 다르게 잠금 장치가 없는 경우가 많습니다. 역으로 자물쇠가 걸려 있어서, 점원에게 열쇠를 빌려서 이용해야 하는 경우도 있습니다. 자물쇠가 부서져 있는 경우도 자주 있습니다.

Q. 줄을 서 있다면?

A. 화장실 앞에 줄이 있다면 입구 근처에 한 줄로 서서 순서대로 들어가는 것이 매너입니다. 각 칸 앞에 서 있지 않도록 주의하세요. 또는 어떤 장소든지 사람 눈이 닿지 않는 곳이나, 구석진 곳에 있는 화장실을 사용하는 것은 위험하므로 피하도록 합시다.

물

Q. 수돗물은 마실 수 있나요?

A. 하와이나 뉴욕, 미국 서해안 각 도시에서는 수돗물을 마셔도 아무런 문제가 없습니다만 건물이 오래된 곳의 물은 탁할 수도 있기 때문에 미네랄 워터를 구입해서 마시는 것이 좋습니다. 슈퍼마켓이나 드러그스토어에서는 병에 담긴 미네랄 워터를 팔고 있습니다. 슈퍼 등에서 한꺼번에 사는 것도 좋습니다.

영국에서는
「화장실이 어디입니까?」
Where is the lavatory?
웨얼 이즈 더 래버토리?

여행의 위생 정보
여행에서는 손을 씻을 장소가 마땅치 않아서 곤란한 경우가 있기 때문에 물티슈 등을 가지고 있는 것이 편리합니다. 현지에서 구하기 힘들 수도 있기 때문에 한국에서부터 가져가는 것이 좋습니다.

화장실

Q. 화장실에 가고 싶다면?

A. 영국에서는 레스토랑이나 펍에는 화장실이 있습니다만, 카페나 테이크아웃 가게에는 없는 경우도 많습니다. 패스트푸드점 등에도 화장실이 있지만, 청결도는 각 다릅니다. 백화점이나 고급 호텔에서는 관리인이 항상 있는 화장실도 있어, 그런 경우에는 1유로의 팁을 내고 사용합니다.

Q. 공중 화장실은 어떻게 사용하나요?

A. 지하철이나 거리에 있는 유료 공중 화장실은 20센트 정도를 지불하고 안에 들어갈 수 있는 시스템으로 되어 있어서 반드시 동전을 준비해 두는 것이 필요합니다. 공중 화장실에는 물을 내리는 변기 손잡이가 없는 화장실도 있는데, 그런 경우는 밖으로 나가야만 자동으로 물이 내려가므로 걱정하지 않아도 됩니다.

Q. 조심해야 할 점은 무엇인가요?

A. 번화가에 있는 화장실은 밤이 되면 위험한 장소로 변할 수도 있습니다. 문제를 피하기 위해서라도 가능한 한 밤에 사용하는 것은 피합시다.

물

Q. 영국의 수질 정도는?

A. 수돗물은 다른 EU 국가들과 비교해서 수질이 좋지 않다고 합니다. 그대로 마셔도 큰 문제가 발생하지는 않습니다만, 가능한 한 수돗물 그대로 마시지 않는 것이 좋습니다. 스코틀랜드나 웨일즈 교외의 도시는 수질이 좋다고 알려져 있지만, 평소에 마시던 물과 달라 몸에 맞지 않을 수도 있습니다. 몸 상태가 걱정되는 사람은 슈퍼 등에서 미네랄 워터를 구입하도록 합시다. 미네랄 워터는 탄산이 들어간 것과 들어있지 않은 것 2종류가 있습니다. 탄산이 들어 있지 않은 병에는 'Still'이라고 쓰여 있고, 탄산이 들어 있는 것은 'Sparkling'이라고 쓰여 있습니다.

즐겁게 나만의 패션 스타일을 찾아봅시다.

해외여행의 가장 큰 재미 중 하나는 쇼핑일 것입니다. 아이 쇼핑을 즐기면서 자신에게 딱 어울리는 패션을 찾아봅시다.

먼저 가고 싶은 상점들을 찾아봅시다

백화점은 어디에 있습니까?	**Where is the department store?** 웨얼 이즈 더 디파트먼트 스토어?
그것은 어디에서 살 수 있습니까?	**Where can I buy that?** 웨얼 캔 아이 바이 뎃?
Tibi라는 가게는 어디에 있습니까?	**Where is the shop called Tibi?** 웨얼 이즈 더 샵 콜드 티비

상점에 대한 정보를 물어봅시다

영업시간을 알려 주세요.	**What are your business hours?** 왓 알 유어 비즈니스 아월스?
정기 휴일은 언제입니까?	**What day do you close?** 왓 데이 두 유 클로즈?
상점 내 안내도가 있나요?	**Do you have an information guide?** 두 유 헤브 언 인포메이션 가이드?
신발을 파는 곳은 어디로 가면 되나요?	**Where should I go to buy shoes?** 웨얼 슈드 아이 고우 투 바이 슈즈?
엘리베이터[에스컬레이터]는 어디에 있나요?	**Where is the elevator[escalator]?** 웨얼 이즈 디 엘리베이터 [에스컬레이터]?
가방 파는 곳을 찾고 있는데요.	**I'm looking for bags.** 아임 루킹 포 백스

> 영국에서는 엘리베이터를 lift 라고 합니다.

휴대품 보관소는 어디인가요?	**Where is the cloak room?** 웨얼 이즈 더 클럭 룸?

한국어를 할 수 있는 사람이 있나요?	**Is there anyone who speaks Korean?** 이즈 데얼 애니원 후 스픽스 코리언?

여기 안에 ATM이 있나요?	**Do you have an ATM here?** 두 유 헤브 언 에이티엠 히얼?

고객 서비스 안내소는 어디에 있나요?	**Where is the Customer Service?** 웨얼 이즈 더 커스터멀 서비스?

LOOK

[____] 는 어디에 있나요?

Where is the [____] **?**

웨얼 이즈 더 [____]

department store 디파트먼트 스토어 ● 【백화점】	**Specialty boutique** 스페셜티 부티크 ● 【전문 부티크】
supermarket 슈퍼마켓 ● 【슈퍼마켓】	**shopping mall** 쇼핑몰 ● 【쇼핑몰】

luggage store 러기지 스토어 ● 【가방 판매점】	**duty free** 듀티 프리 ● 【면세점】

supermarket 슈퍼마켓 ● 【슈퍼마켓】	**shopping mall** 쇼핑몰 ● 【쇼핑몰】	**Dior** 디올 ● 【디올】	**Chloé** 클로에 ● 【끌로에】
Coach 코치 ● 【코치】	**Cartier** 카르티에 ● 【까르띠에】	**CELINE** 셀린 ● 【셀린느】	**ANNA SUI** 안나 수이 ● 【안나 수이】
Burberry 버버리 ● 【버버리】	**CHANEL** 샤넬 ● 【샤넬】	**Paul Smith** 폴 스미스 ● 【폴 스미스】	**LANVIN** 랑방 ● 【랑방】
NICOLE FARHI 니콜 파리 ● 【니콜 파리】	**PRADA** 프라다 ● 【프라다】	**Dunhill** 던힐 ● 【던힐】	**GUCCI** 구찌 ● 【구찌】
HERMES 헤르메스 ● 【에르메스】	**Brooks Brothers** 브룩 브라더스 ● 【브룩스 브라더스】	**Ralph Lauren** 랄프 로렌 ● 【랄프 로렌】	**BVLGARI** 불가리 ● 【불가리】

즐겁게 나만의 패션 스타일을 찾아봅시다.

가게에 들어가서

무엇을 찾고 계신가요?

May I help you?
메이 아이 헬 퓨?

그냥 보고 있어요.
감사합니다.

I'm just looking, thank you.
아임 저스트 루킹 땡큐

가게에 들어갈 때는
"Hello!"헬로우 하고
기분 좋게 인사해
봅시다!

나중에 다시 올게요.

I'll come back later.
아일 컴 백 레이터

죄송합니다. 잠시 괜찮
으신가요?

Excuse me, can you help me?
익스큐즈 미 캔 유 헬프 미?

이것과 어울리는 신발
이 있나요?

Do you have shoes that go with this?
두 유 해브 슈즈 뎃 고우윗 디스?

엄마에게 선물할 카디
건을 찾고 있습니다.

I'm looking for a cardigan for my mother.
아임 루킹 포 어 카디건 포 마이 마더

이 잡지에 나온 블라우
스를 보고 싶은데요.

I'd like to see the blouse in this magazine.
아이드 라익 투 씨 더 블라우스 인 디스 매거진

검은자켓에어울리는밝은
색의스커트가있나요?

Do you have a skirt in light colors that goes with a black jacket?
두 유 해브 어스커트 인 라이트 칼라스 뎃 고우즈 윗 더 블랙 재킷?

사무용 정장을 찾고
있습니다.

I'm looking for a suit for work.
아임 루킹 포 어 수트 포 워크

사고 싶은 물건을
정했다면
이 문장을
기억하세요.

이거 주세요. / 얼마입니까?

I'll take this. / How much is it?
아월 테이크 디스 / 하우 머취 이즈 잇?

어느 쪽이 더 싼가요?	**Which one is cheaper?** 위치　원　이즈 치퍼?
신제품 카탈로그가 있나요?	**Do you have a catalog of new items?** 두 유　헤브　어 카탈로그 오브 뉴 아이템스?
가을에 어울리는 스커트가 있나요?	**Do you have a skirt for the autumn season?** 두 유　헤브　어 스커트 포　더　어텀　시즌? _{참고 P.157}
면 소재의 스웨터가 있나요?	**Do you have cotton sweaters ?** 두 유　헤브　코튼　스웨터스?
이것 좀 보고싶은데요.	**I'd like to see this.** 아이드 라익 투 씨 디스
캐쥬얼 [포멀]한 옷 을 찾고 있습니다.	**I'd like something casual[formal].** 아이드 라익 썸띵　캐쥬얼 [포멀]
오른쪽에서 세 번째 것 좀 보여 주세요.	**Please show me the third one from the right.** 플리즈　쇼　미 더 써드 원 프롬 더 롸이트 _{참고 P.156}
이것은 진품인가요?	**Is this genuine?** 이즈 디스 제누인?
이것은 어느 브랜드인 가요?	**What brand is this?** 왓　브랜드　이즈 디스?
신제품이 있나요?	**Do you have any new items?** 두 유　헤브　애니 뉴 아이템스?
이것과 같은 것이 있나요?	**Do you have the same one?** 두 유　헤브　더 쎄임 원?
조금 더 생각해 볼게요.	**I need a little more time to think.** 아이 니드 어 리틀 모얼　타임 투 띵크

즐겁게 나만의 패션 스타일을 찾아봅시다.

마음에 드는 물건을 찾아 봅시다

이 디자인과 비슷한 것이 있나요?	**Do you have one with a similar design?** 두 유 헤브 원 위드 어 시밀러 디자인?
다른 옷도 입어 볼 수 있을까요?	**Can I try some other clothes?** 캔 아이 츄라이 썸 아덜 클로쓰?
손으로 집어도 되나요?	**Can I pick this up?** 캔 아이 픽 디스 업?
입어 봐도 되나요?	**May I try this on?** 메 아이 츄라이 디스 온?
거울은 어디에 있나요?	**Where is the mirror?** 웨얼 이즈 더 미러?
다른 것도 더 입어볼 수 있나요?	**Can I try the other one?** 캔 아이 츄라이 디 아덜 원?
제 사이즈는 8입니다.	**My size is 8 .** 마이 사이즈 이즈 에잇

면세 수속에 관해서 설명해 드립니다.

*미국에서는 쇼핑할 때, 세일 텍스가 붙습니다. 소비세에 해당하는 것입니다만, 세금 비율은 주나 도시에 따라 다르고 면세 제도가 없는 경우가 대부분입니다.

*영국에서는 상품 가격에 17.5%의 부가세(VAT)가 포함되어 있지만, 외국거주자는 한 상점에서 1일에 30유로(상점에 따라 다름) 이상의 쇼핑을 하면 면세를 받을 수 있습니다.

사이즈가 나라마다 다르므로 주의하세요. 제품에 따라 다르기 때문에 구입 전에 반드시 시착해 봅니다.

여성복						
한국	55	66	77	88	88	99
미국	4	6	8	10	12	14
영국	6	8	10	12	14	16

여성화						
한국	225	230	235	240	245	250
미국	5.5	6	6.5	7	7.5	8
영국	3	3.5	4	4.5	5	5.5

귀여워!
Lovely!
러블리!

딱 맞네요.
This is just my size.
디스 이즈 저스트 마이 사이즈.

사이즈 8 있나요?

Do you have a size 8 ?
두 유 해브 어 사이즈 에잇 ?

참고 P.42

조금 꽉 끼네요 [헐렁하네요].

This is a little bit tight[loose].
디스 이즈 어 리틀 빗 타이트 [루즈]

조금 더 큰 [작은] 사이즈는 없나요?

Do you have a bigger[smaller] size?
두 유 해브 어 비걸 [스몰러] 사이즈 ?

너무 길어요 [짧아요].

This is too long[short].
디스 이즈 투 롱 [쇼트]

사이즈가 맞지 않습니다.

It didn't fit me.
잇 디든트 핏 미

죄송합니다. 나중에 다시 올게요.

I'm sorry. I'll come back later.
아임 쏘리 아일 컴 백 레이터

트렌드가 신경 쓰이는 당신이라면 이 문장을 기억하세요!

인기있는 것은 어느 것인가요?

Which one is popular?
위치 원 이즈 파퓰러 ?

도움이 되는 단어 WORD

사이즈	size 사이즈	길다	long 롱	두껍다	thick 띡크
크다	big 빅	짧다	short 쇼츠	얇다	thin 띤
작다	small 스몰	헐렁하다	loose 루즈	긴소매	long sleeves 롱 슬리브즈
		꽉 끼다	tight 타이트	반팔	short sleeves 쇼츠 슬리브즈
		딱 맞다	right size 롸이트 사이즈	민소매	sleeveless 슬리브리스

즐겁게 나만의 패션 스타일을 찾아봅시다.

사이즈를 조정할 수 있나요?	**Could you adjust the size?** 쿠 쥬 어드저스트 더 사이즈?
얼마나 걸리나요?	**How long does it take?** 하우 롱 더즈 잇 테이크?
다른 색[무늬]는 있나요?	**Do you have a different color[print]?** 두 유 헤브 어 디퍼런트 칼라 [프린트]?
검은색도 있나요?	**Do you have a black one?** 두 유 헤브 어 블랙 원? 참고 P.47
같은 것으로 색깔만 다른 게 있나요?	**Do you have the same one in other colors?** 두 유 헤브 더 세임 원 인 아덜 컬러즈?
이것은 순금[순은] 인가요?	**Is this pure gold [silver]?** 이즈 디스 퓨어 골드 [실버]? 참고 P.47
이 소재는 무엇인가요?	**What is this made of?** 왓 이즈 디스 메이드 오브?
실크[캐시미어] 소재로 된 것이 있나요?	**I'd like something made of silk[cashmere].** 아이드 라익 썸띵 메이드 오브 실크 [캐시미어]
방수가 되는 상품인가요?	**Is this waterproof?** 이즈 디스 워터프루프?

도움이 되는 단어 WORD				
부드럽다	soft 소프트	면	cotton 코튼	스웨이드 suede 스웨이드
		실크	silk 실크	인공가죽 artificial leather 알티피셜 레더
		리넨	linen 린넨	밝은 색 bright 브라이트
딱딱하다	hard 하드	울	wool 울	어두운 색 dark 다크

44

LOOK

| 는 있나요? |
| **Do you have** ? |
| 두 유 헤브 ? |

패션
fashion
패션

T-shirt
티 셔츠

● 【티셔츠】

jacket 재킷 ● 【재킷】	**dress** 드레스 ● 【드레스】	**sweater** 스웨터 ● 【스웨터】	**tunic** 튜닉 ● 【튜닉】
tank top 탱크톱 ● 【탱크톱】	**jeans** 진스 ● 【청바지】	**coat** 코트 ● 【코트】 **shirt** 셔츠 ● 【셔츠】	**camisole** 캐미솔 ● 【캐미솔】 **pants / trousers** 팬츠／트라우져스 ● 【바지】
stole 스톨 ● 【스톨】	**hair accessory** 헤어 액세서리 ● 【헤어 액세서리】	**dress** 드레스 ● 【드레스】	**pendant** 펜던트 ● 【펜던트】
muffler 머플러 ● 【머플러】	**scarf** 스카프 ● 【스카프】	**tie** 타이 ● 【타이】	**brooch** 브로치 ● 【브로치】
shorts 쇼츠 ● 【쇼츠】	**hat** 모자 ● 【햇】	**sunglasses** 선글라스이즈 ● 【선글라스】	**bra** 브라 ● 【브래지어】
wallet 웰렛 ● 【지갑】	**gloves** 글러브즈 ● 【장갑】	**stockings** 스타킹스 ● 【스타킹】	**socks** 삭스 ● 【양말】

물로 세탁 가능한가요?

Is this washable?
이즈 디스 워셔블 ?

좀 더 싼 물건이 있을
까요?

Do you have a little bit cheaper one?
두 유 헤브 어 리틀 빗 취펄 원 ?

기본회화

관광

쇼핑

맛집

뷰티

에터테인먼트

호텔

교통수단

기본정보

단어장

즐겁게 나만의 패션 스타일을 찾아봅시다.

계산할 때

전부 얼마인가요?	**How much are all these together?** 하우 머취 알 올 디즈 투게더?
세금이 포함되어 있나요?	**Does it include tax?** 더즈 잇 인클루드 텍스?
이 신용 카드는 사용할 수 있나요?	**Do you accept this credit card?** 두 유 엑셉 디즈 크레딧 카드?
면세로 살 수 있나요?	**Can I buy it tax-free?** 캔 아이 바이 잇 텍스 프리?
면세 신청서를 주세요.	**Can I have a customs form?** 캔 아이 헤브 어 커스텀스 폼?
계산이 잘못된 것 같은데요.	**I think there is a mistake on this bill.** 아이 띵크 데얼 이즈 어 미스테이크 온 디스 빌
잔돈을 잘못 주셨어요.	**You gave me the wrong change.** 유 게이브 미 더 롱 체인지

반품·교환·요구사항이 있다면

오염이 되어 있어서 반품하고 싶은데요.	**I'd like to return this because it has a stain.** 아이드 라익 투 리턴 디스 비커즈 잇 헤즈 어 스테인
아직 사용하지 않았습니다.	**I haven't used it at all.** 아이 헤븐트 유즈드 잇 엣 올
수리해 주시겠어요?	**Could you repair this?** 쿠 쥬 리페어 디스?

46

LOOK

◻◻◻ 을 주세요.

◻◻◻ , please.

◻◻◻ 플리즈.

색
color
컬러

black
블랙
● 【검은색】

white
화이트
● 【하얀색】

red
레드
● 【빨간색】

blue
블루
● 【파란색】

yellow
옐로우
● 【노란색】

green
그린
● 【초록색】

pink
핑크
● 【분홍색】

orange
오렌지
● 【주황색】

purple
퍼플
● 【보라색】

ivory
아이보리
● 【아이보리】

beige
베이지
● 【베이지】

brown
브라운
● 【갈색】

gold
골드
● 【황금색】

silver
실버
● 【은색】

무늬
print
프린트

stripe
스트라이프
● 【줄무늬】

checks
첵스
● 【체크무늬】

dots
도트
● 【물방울무늬】

floral pattern
플로럴 패턴
● 【꽃무늬】

plain
플레인
● 【무늬가 없는】

trendy
트렌디
● 【유행하는】

마음에 드는 신발이나 가방을 사러 가고 싶어요.

여행지에서 마음에 드는 신발이나 가방을 만나게 되면 분명 보물이 될 것입니다.
점원과 대화하며 즐겁게 쇼핑해 봅시다.

신발 가게에서

이 신발로 사이즈 6이 있나요?	**Do you have this in 6 ?** 두 유 해브 디스 인 식스 ? 참고 P.42
조금 꽉 끼네요 [헐렁 하네요].	**This is a little bit tight[loose] .** 디스 이즈 어 리틀 빗 타이트 [루즈]
발끝이 아프네요.	**My toes hurt.** 마이 토즈 헐트
반 사이즈 큰 것은 없나요?	**Do you have a half-size bigger than this?** 두 유 헤브 어 하프 사이즈 비걸 댄 디스 ?
굽이 너무 높은 [낮은] 것 같네요.	**I think the heels are too high[low].** 아이 띵크 더 힐스 알 투 하이 [로우]
딱 맞네요!	**This is perfect!** 디스 이즈 퍼펙트 !
이것이 맘에 드네요.	**I like this one.** 아이 라익 디스 원

도움이 되는 단어 WORD

펌프스	pumps 펌프스	뮬	mules 뮬즈	롱 부츠	long boots 롱 부츠
하이힐 펌프스	high-heeled pumps 하이힐 펌프스	발레 슈즈	ballet shoes 발레 슈즈	스니커즈	sneakers 스니커즈
샌들	sandals 샌달스	부츠	boots 부츠	천 신발	fabric shoes 패브릭 슈즈
		짧은 부츠	short boots 쇼트 부츠	가죽 신발	leather shoes 레더 슈즈
		하프 부츠	half boots 하프 부츠	편안하다	comfortable 컴퍼터블

가방 가게에서

사무용의 검은색 가방을 원하는데요.
I'd like a black bag for work.
아이드 라익 어 블랙 백 포 월크
참고P.47

버튼[지퍼]이 있는 것을 원합니다.
I want one that has buttons[a zipper].
아이 원트 원 뎃 헤즈 버튼스 [어 지퍼]

조금 더 큰[작은] 것이 있나요?
Do you have a bigger[smaller] one?
두 유 헤브 어 비걸 [스몰러] 원?

다른 색이 있나요?
Do you have a different color?
두 유 헤브 어 디퍼런트 컬러?

새 것이 있나요?
Do you have a new one?
두 유 헤브 어 뉴 원?

인기 있는 것은 어느 것입니까?
Which one is popular?
위치 원 이즈 파퓰러?

화려한 색이 좋은데요.
I'd like a colorful one.
아이드 라익 어 컬러풀 원

주머니나 칸이 나누어져 있는 가방이 있나요?
Do you have one that has pockets or compartments?
두 유 헤브 원 뎃 헤즈 파켓츠 오어 컴팔트먼츠?

도움이 되는 단어 WORD

핸드백	handbag 핸드백	여행용	for travel 포 트레블	지퍼	zipper 지퍼
숄더 백	shoulder bag 숄더 백	사무용	for work 포 워크	가죽 가방	leather bag 레더 백
여행 가방	suitcase 수트케이스	데일리	daily use 데일리 유즈	면 가방	fabric bag 페브릭 백
		끈 있는 것 (없는 것)	with[without] straps 윗[윗아웃]스트랩스	방수	waterproof 워터프루프
		주머니	pocket 포켓	작은	small 스몰

49

잡화나 액세서리도 사러 가 봅시다.

직접 쓰거나, 선물용으로 너무 갖고 싶은 귀여운 잡화나
액세서리들은 한국에 다시 돌아와서도 여행을 떠올리게 하는
소중한 보물이 되어 줄 것입니다.

마음에 드는 것을 찾아봅시다

진열장 중간에 있는 그릇을 보여줄 수 있나요?	**Can I see the plate in the shop window?** 캔 아이 씨 더 플레이트 인 더 샵 윈도우?
이 보석은 뭔가요?	**What is this stone?** 왓 이즈 디스 스톤?
이것은 어디 제품인가요?	**Where is this made?** 웨얼 이즈 디스 메이드?
어느 정도 긴 것을 원하시나요?	How long do you want? 하우 롱 두 유 원트?
2m 정도 원합니다.	**I'll take two meters of it.** 아일 테익 투 미터스 어브 잇

참고 P.156

선물용으로 포장해 주세요.	**Could you gift-wrap it?** 쿠 쥬 기프트 랩 잇?
따로따로 포장해 주세요.	**Could you wrap these individually?** 쿠 쥬 랩 디즈 인디비쥬얼리?
리본도 묶어 주세요.	**Could you put some ribbons on?** 쿠 쥬 풋 썸 리본스 온?
망가지지 않게 포장해 주세요.	**Could you wrap it so it doesn't break?** 쿠 쥬 랩 잇 쏘 잇 더즌 브레이크?
이것은 몇 캐럿인가요?	**What carat is this?** 왓 캐럿 이즈 디스?

50

Could I have [ ] ?

[ ] 로 주세요.

쿠드 아이 헤브 [ ] ?

잡화, 액세서리, 수공예품
sundries, accessories, crafts
선드리즈, 액세서리즈, 크래프츠

necklace 넥클리스 ●【목걸이】	**bracelet** 브레슬렛 ●【팔찌】	**earrings** 이어링스 ●【귀걸이】 **brooch** 브로치 ●【브로치】	**ring** 링 ●【반지】 **tiepin** 타이핀 ●【넥타이 핀】
button 버튼 ●【단추】	**bead** 비드 ●【비즈】	**stole** 숄 ●【스톨】 **ribbon** 리본 ●【리본】	**pouch** 파우치 ●【파우치】 **material** 매티리얼 ●【재료】

원포인트 반지 사이즈에 주의하세요.

한국과는 사이즈 표기가 다릅니다.
또는 제품에 따라 다른 경우도 있기 때문에, 반드시 착용해 보고 확인합시다.

한국	7	9	11	13	15
미국	4	5	6	6.5	7.5

참고P.156

도움이 되는 단어 WORD

금	**gold** 골드	스테인리스	**stainless** 스테인리스	뜨개질	**knitting** 니딩
은	**silver** 실버	핀	**pin** 핀	자수	**embroidery thread** 임브레드리 뜨레드
백금	**platinum** 플랫티넘	스팽글	**spangle** 스팽클	면사	**cotton thread** 코트 뜨레드
캐럿	**carat** 캐럿	레이스	**lace** 레이스	실 한 꾸리	**spool** 스풀
		식탁보	**table cloth** 테이블 크로스	패치워크	**patchwork** 패치워크
		조립용품 세트	**kit** 키트	펠트	**felt** 펠트

예쁜 화장품은 필수입니다.

평소에 좋아하던 브랜드, 화장품, 한국에서 살 수 없는 상품, 귀여운 패키지 등...
어떤 나라에 가서도 현지에서만 파는 화장품은 좋은 선물이 될 것입니다.
마음에 드는 화장품을 찾아봅시다!

드러그스토어나 슈퍼마켓에서 저렴한 가격으
로 구매할 수 있는 화장품은 패키지도 귀여운
것이 많아 선물로도 좋아요. 종류가 다양하니
직원에게 물어봐서 실수하지 않도록 해요.

화장품을 찾아봅시다

아이 크림을 찾고 있어요.	**I'm looking for an eye-cream.** 아임 루킹 포 언 아이 크림
민감 피부에도 사용할 수 있나요?	**Can this be used on sensitive skin?** 캔 디스 비 유즈드 온 센시티브 스킨?
데이 타임용 [나이트 타임용]인가요?	**Is it for daytime use [night time use]?** 이즈 잇 포 데이타임 유즈 [나이트 타임 유즈]?
첨가물이 들어 있나요?	**Does it contain additives?** 더즈 잇 컨테인 에디티브스?

화장품을
찾을 때 쓸 문장
은 이것!

피부 그을림이 신경 쓰입니다.

I'm worried about skin dullness.
아이엠 워리드 어바웃 스킨 둘니스

화장품 라벨에 표시된 단어 WORD		주름	wrinkle 링클	무향	fragrance free 프레그런스 프리
		모공	pores 포올스	무방부제	no antiseptic 노 앤티섭틱
안티 에이징	anti-aging 안티 에이징	식물성의	botanical 보태니컬	무보존제	nopreservative 노 프리절버티브
기미	spots 스팟	무색소	no artificial coloring 노 알티피셜 칼라링	오가닉	organic 오가닉

인기 있는 자연주의 화장품

<화학약품완전무첨가>, <자연소재사용>, <100% 무향료> 등 자연주의라고 해도 종류는 여러 가지입니다. 점원과 상담하면서 자신의 피부에 맞는 것을 찾아봅시다.

한국에서 살 수 없는 화장품이 있나요?

Do you have any cosmetics that aren't available in Korea?
두 유 헤브 에니 코스메틱스 덴 알른 어베일러블 인 코리아 ?

써 봐도 되나요?

Can I try this?
캔 아이 츄라이 디스 ?

UV효과가 있나요?

Does it block UV rays?
더즈 잇 블락 유브이 뤠이스 ?

이 색에 가까운 립스틱이 있나요?

Do you have a lipstick close to this color?
두 유 헤브 어 립스틱 클로즈 투 디스 컬러 ?

여기에 있는 색이 전부인가요?

Are these all the colors?
알 디즈 올 더 컬러스 ?

가장 인기 있는 것은 무엇인가요?

Which one is popular?
위치 원 이즈 파퓰러 ?

기미가 눈에 띄지 않게 하고 싶은데요.

I'd like to make spots less noticeable.
아이드 라익 투 메익 스팟츠 레스 노터서블

이것을 보고 싶습니다.

I'd like to see this.
아이드 라익 투 씨 디스

좀 더 자연스러운 느낌이 드는 것이 있나요?

Do you have one that is more natural?
두 유 헤브 원 덷 이즈 모어 내츄럴 ?

이것과 똑같은 것 5개 주세요.

Could I have five of these?
쿠드 아이 헤브 파이브 오브 디즈 ?

참고P.156

53

LOOK

□□□□□ 는 있나요?

Do you have □□□□□ **?**

두 유 헤브 □□□□□ ?

기초 화장품

basic skin care
베이직 스킨 케어

face cream
페이스 크림
● 【페이스 크림】

toner 토너 ● 【토너】	**cleansing cream** 클렌징 크림 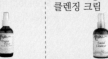 ● 【클렌징 크림】	**lip balm** 립밤 ● 【립밤】	**eye cream** 아이 크림 ● 【아이 크림】
serum 세럼 ● 【세럼】	**milky lotion** 밀키 로션 ● 【밀키 로션】	**day cream** 데이 크림 ● 【데이 크림】	**facial cleanser** 페이셜 클렌저 ● 【페이셜 클렌저】
facial treatment mask 페이셜 트리트먼트 마스크 ● 【페이셜 마스크】	**moisturizing cream** 모이스처라이징 크림 ● 【모이스처라이징 크림】	**night cream** 나이트 크림 ● 【나이트 크림】	**sunscreen** 선크림 ● 【선크림】
헤어케어/바디케어 **hair care/body care** 헤어 케어 / 바디 케어	**soap** 솝 ● 【비누】	**bath oil** 베쓰 오일 ● 【배스 오일】	**body butter** 보디 버터 ● 【보디 버터】
body scrub 보디 스크럽 ● 【보디 스크럽】	**hand cream** 핸드 크림 ● 【핸드 크림】	**shampoo** 샴푸 ● 【샴푸】	**hair treatment** 헤어 트리트먼트 ● 【헤어 트리트먼트】
		conditioner 컨디셔너 ● 【린스】	**body soap** 보디 솝 ● 【보디 솝 】

아이섀도도 신제품이
있나요?

Do you have a new eye shadow **?**
두 유 헤브 어 뉴   아이 쉐도우?

이 토너 샘플이
있나요?

Do you have a sample of this toner **?**
두 유 헤브 어 샘플   오브 디스 터너?

LOOK

추천해 주세요.

Which _____ do you recommend?

위치 _____ 두 유 레코멘드?

fragrance oil 프레그런스 오일 ● 【프레그런스 오일】	**jojoba oil** 호호바 오일 ● 【호호바 오일】	
argan oil 아르간 오일 ● 【아르간 오일】	**wheat germ oil** 윗 점 오일 ● 【밀 배아유】	

aroma gel 아로마 젤 ● 【아로마 젤 】	**shea butter** 시어 버터 ● 【시어 버터】	화장품 **cosmetics** 코스메틱
essential oil 이센셜 오일 ● 【에센셜 오일】	**shea butter cream** 시어 버터 크림 ● 【시어 버터 크림】	**eye shadow** 아이쉐도우 ● 【아이섀도】

mascara 마스카라 ● 【마스카라】	**nail polish** 네일 폴리쉬 ● 【매니큐어】	**blush** 블러쉬 ● 【블러시】	**eyeliner** 아이라이너 ● 【아이라이너】
		lipstick 립스틱 ● 【립스틱】	**foundation** 파운데이션 ● 【파운데이션】
powder 파우더 ● 【파우더】	**eyebrow brush** 아이브로우 브러시 ● 【아이브로우 브러시】	**gloss** 글로스 ● 【글로스】	**foundation cream** 파운데이션 크림 ● 【파운데이션 크림】
concealer 컨실러 ● 【컨실러】	**lip pencil** 립 펜슬 ● 【립 펜슬】	**eye liquid** 아이 리퀴드 ● 【아이 리퀴드】	**control color** 컨트롤 칼라 ● 【컨트롤 칼라】
chip 칩 ● 【칩】	**waterproof** 워터프루프 ● 【방수】	**pencil** 펜슬 ● 【펜슬】	**cream foundation** 크림 파운데이션 ● 【크림 파운데이션】

도움이 되는 단어 WORD

		일반 피부	normal skin 노멀 스킨	알레르기	allergy 알러지
		처진 피부	skin sag 스킨 쎄그	콜라겐	collagen 콜라겐
여드름	pimple 핌플	미백	whitening skin 화이트닝 스킨	비타민	vitamin 비타민
기미	dullness 둘니스	자외선 (UV)	ultraviolet rays 울트라바이올렛 레이스	천연 성분	natural ingredient 내츄럴 인그리디언트
다크 서클	dark circles 다크 서클즈	촉촉하다	moisture 모이스쳐	민감성 피부	sensitive skin 센시티브 스킨
건성 피부	dry skin 드라이 스킨	지성 피부	oily skin 오일 스킨	복합성 피부	combination skin 콤비네이션 스킨

마켓에서 즐겁게 대화를 나눠 봅시다.

활기찬 마켓은 보고 있는 것만으로도 건강해지는 기분입니다.
현지인들과 교류하면서 즐겁게 쇼핑해 봅시다.

마켓에서 말을 걸어 봅시다

오렌지 4개와 멜론 1개 주세요.
> Four oranges and a melon please.
> 포 오렌지스 앤 어 멜론 플리즈
> 참고P.156

딸기 200g 주세요.
> 200 grams of strawberries , please.
> 200 그램스 오브 스트로베리즈 플리즈
> 참고P.156

이 치즈를 한 조각 주세요.
> A slice of this cheese, please.
> 어 슬라이스 오브 디스 치즈 플리즈

이 정도 덩어리로 주세요.
> Could I have a chunk like this?
> 쿠드 아이 해브 어 청크 라익 디스?

계절 야채[과일]는 어느 것인가요?
> Which vegetable[fruit] is in season now?
> 위치 베지터블 [프룻] 이즈 인 시즌 나우?

이것은 어디에서 만든 것인가요?
> Where is this made?
> 웨얼 이즈 디스 메이드?

한번 먹어 봐도 되나요?
Can I taste this?
캔 아이 테이스트 디스?

이 중에 한 개만 살 수 있나요?
> Can I buy just one of these?
> 캔 아이 바이 저스트 원 오브 디스?
> 참고P.156

얼마나 보관할 수 있나요?
> How long does it keep?
> 하우 롱 더즈 잇 킵?

냄새가 너무 좋네요!
It smells nice!
잇 스멜스 나이스!

전부 얼마인가요?
> How much is it in total?
> 하우 머취 이즈 잇 인 토탈?

이게 1kg 정도의 가격인가요?
> Is this the price for one kilogram?
> 이즈 디스 더 프라이스 포 원 킬로그램?
> 참고P.156

미국에서는 단위 표기가 다릅니다.

미국에서 사용하고 있는 무게의 단위는 우리와 다릅니다. 특히 알아 두면 좋은 것이 'pound(파운드)'입니다. 1파운드는 약 450g이라고 외워 둡시다.

다양한 수량 재는 방법

three dollars a kilogram 쓰리 달러스 어 킬로그램	1kg에 3달러	a dollar and a half a bundle 어 달러 앤드 어 하프 어 번들	1묶음에 1.5달러

a pot[bottle] 어 팟 [보틀]	1솥(병)	**a box[can]** 어 박스 [캔]	1박스(캔)	**a bag** 어 백	1봉투
a pack 어 팩	1팩	**one** 원	1개	**a net** 어 넷	1망사
a basket 어 바스켓	1바구니	**a root** 어 루트	1부리	**a dozen** 어 더즌	1타스(12개)

수제 디저트가 마음에 들었다면 쓸 문장은 이것!

맛있어요. 포장용으로 하나 더 주세요.

It's delicious! Can I have another one to go?
이츠 딜리셔스! 캔 아이 헤브 어나덜 원 투 고우?

도움이 되는 단어 WORD

손수 만든	homemade 홈메이드	구입	purchase 펄췌이즈	할인	discount 디스카운트
신선한	fresh 프레쉬	제철	in season 인 시즌	중고 옷	used clothes 유즈드 클로스
특별한	special 스페셜	현지의	local 로컬	장난감	toy 토이
인기 있는	popular 파퓰러	무농약의	organic 오가닉	골동품	antique 앤티크
빈티지	vintage 빈티지	갓 구워낸	hot from the oven 핫 프롬 디 오븐	식기류	tableware 테이블웨어
농산물	farm products 팜 프러덕츠	농부	farmer 파머	공예품	craftwork 크래프트워크
해산물	marine products 마린 프러덕츠	농장	farm 팜	헌책	used books 유즈드 북스
식재료	ingredient 인그리디언트	목장	stock farm 스톡 팜	에코백	reusable bag 리유저블 백
		가판대	stand 스탠드	아침 시장	morning fair 모닝 페어
		대량 구매	bulk buying 벌크 바잉	저녁 시장	evening fair 이브닝 페어

앤티크 숍에서 괜찮은 물건을 찾아봅시다.

시대가 지난 물건, 도자기나 레트로와 같이 귀여운 옷 등 비좁은 길에 들어선 앤티크숍에는
신기한 매력이 있습니다. 숍이나 시장을 돌아다니면서 자기만의 보물을 찾아봅시다.

점원과 이야기해 봅시다

저 원피스 좀 봐도 되나요?	**May I see that dress?** 메 아이 씨 뎃 드레스?
멋진 디자인이네요!	**It is a nice design!** 잇 이즈 어 나이스 디자인!
어느 시대 때 만들어진 것인가요?	**When was this made?** 웬 워즈 디스 메이드?
거울 있나요?	**Do you have a mirror?** 두 유 헤브 어 미러?
사이즈가 조금 작은[큰] 것 같은데요.	**This is a little bit small[big].** 디스 이즈 어 리틀 빗 스몰[빅]
비슷한 디자인으로 조금 더 큰 것 있나요?	**Do you have a bigger one with a similar design?** 두 유 헤브 어 비걸 원 위드 어 시밀러 디자인?

도움이 되는 단어 WORD

앤티크	antique 앤티크	비매품	not for sale 낫 포 쎄일	상태가 좋은	good condition 굿 콘디션
빈티지	vintage 빈티지	희귀품	rare 레어	상처	damage 데미지
독특한	one of a kind 원 오브 어 카인드	흥미가 있음	interesting 인터레스팅	금	crack 크랙
한정품	limited 리미티드	그리운	nostalgic 노스탤직	더러움	stain 더러움
		찾다	find 파인드	빛바랜	faded 페이디드
		사용하지않은	unused 언유즈드	인기 상품	hot item 핫 아이템

프리마켓에서는 적극적으로 회화를 해 봅시다. 귀중한 정보를 얻을 수도 있어요!

숍이나 시장에서 주의할 점

상품 속에는 그냥 보는 것만으로는 알 수 없는 상당히 고가의 물건도 적지 않습니다. 보고 싶을 때는 반드시 점원에게 물어 봅시다.

이 반지도 합쳐서, 조금 싸게해주실 수 없나요?

Can I get a discount if I buy this ring, too?
캔 아이 겟 어 디스카운트 이프 아이 바이 디스 링 투?

잠시만요….

Let me see... / Well...
렛 미 씨 / 웰

감사합니다. 그렇다면 살게요.

Thanks, I'll take it.
땡스 아윌 테익 킷

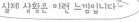

실제 상황은 이런 느낌입니다

안녕하세요.

Hi.
하이

어서 오세요, 천천히 보세요.

Hi. Take your time.
하이 테익 유얼 타임

이것은 오래된 물건인가요?

How old is this?
하우 올드 이즈 디스?

70년대 물건이에요.

It's a 70s vintage.
잇츠 어 세븐틴스 빈티지

얼마인가요?

How much is it?
하우 머취 이즈 잇?

3개에 30달러입니다.

Three for thirty dollars.
쓰리 포 썰티 달러스

조금 더 싸게 안되나요?

Can you give me a better price?
캔 유 깁 미 어 베럴 프라이스?

네, 그러면 27달러는 어떤가요?

OK. How about twenty seven dollars?
오케이 하우 어바웃 투엔티세븐 달러스?

슈퍼나 백화점에서 여행 선물을 찾아봅시다.

선물이 고민이라면 꼭 슈퍼나 백화점에 가 보세요. 한국에 없는 식료품이나 귀여운 일상용품 등, 저렴하고 좋은 물건을 분명 발견할 것입니다.

cheese cracker
치즈 크래커
↓
치즈 크래커

큰 사이즈의 크래커는 아침 식사나 기념 선물로 좋아요.

strawberry syrup
스트로베리 시럽
↓
딸기 시럽

단 것을 좋아하는 친구들에게 기념 선물로 좋아요.

chocolate cake mix
초콜릿 케익 믹스
↓
초콜릿 케익 믹스

촉촉하고 진한 초콜릿 케익을 혼자서도 간단하게 만들 수 있어요.

mango jelly
망고 젤리
↓
망고 젤리

달콤한 망고 젤리는 많이들 사는 물품 중에 하나입니다.

honey
허니
↓
꿀

상품 포장 용기가 귀여울 뿐만 아니라 몸에 좋은 유기농 꿀입니다.

peanut butter
피넛 버터
↓
땅콩 잼

땅콩 잼은 짭짤한 맛, 기본 맛, 달달한 맛 등 다양한 종류가 있어요.

도움이 되는 단어 WORD					
포테이토 칩	potato chips 포테이토 칩스	파스타	pasta 파스타	플레이스 매트	place mat 플레이스 맷
		커피 콩	coffee beans 커피 빈스	오븐 장갑	oven mitt 오븐 미트
프레츨	pretzel 프레츨	올리브 오일	olive oil 올리브 오일	치약	tooth paste 투쓰 페이스트
오트밀 쿠키	oatmeal cookie 오트밀 쿠키	라즈베리 잼	raspberry jam 라즈베리 잼	티슈	tissue 티슈
		메이플 시럽	maple syrup 메이플 시럽	행커치프	handkerchief 행커칩
믹스 넛	mixed nuts 믹스드 넛츠	와인 오프너	wine opener 와인 오프너	앞치마	apron 에이프런

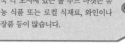

미국에서 인기 있는 유기농 슈퍼

미국 각 도시에 있는 홀 푸드 마켓은 유기농 식품 또는 로컬 식재료, 와인이나 화장품 등이 많습니다.

기본회화 / 관광 / 쇼핑 / 맛집 / 뷰티 / 에터테인먼트 / 호텔 / 교통수단 / 기본정보 / 단어장

paper napkin
페이퍼 냅킨
↓
페이퍼 냅킨

여러 가지 프린트된 무늬가 있는 페이퍼 냅킨은 가벼운 선물로 추천합니다.

bouquet garni
부케 가르니
↓
향초 주머니

타임, 파슬리, 월계수 등이 들어간 향초 주머니입니다.

instant cup soup
인스터트 컵 수프
↓
인스터트 컵 수프

귀여운 포장 덕에 선물로 딱 좋습니다.

shortbread
쇼트 브레드
↓
쇼트 브레드

슈퍼의 프라이빗 브랜드는 가격도 싸고 맛도 좋아요.

anchovy fillet
앤초비 필렛
↓
앤초비 필렛

파스타 소스에 넣을 수도 있고, 캔이라 작은 사이즈라면 짐이 되지도 않아요.

herbal tea
허벌 티
↓
허벌 티

레몬과 생강을 넣어서 몸을 따끈따끈하게

즐겁게 쇼핑해 봅시다

조미료 섹션은 어디인가요?	**Where is the seasoning section?** 웨얼 이즈 더 시즈닝 섹션?
가게 오리지널 상품은 있나요?	**Do you have any original products?** 두 유 헤브 애니 오리지널 프러덕츠?
가게는 아침 몇 시에 여나요?	**What time do you open in the morning?** 왓 타임 두 유 오픈 인 더 모닝?

61

LOOK

☐ 부탁드려요.
☐ , please.
☐ , 플리즈.

kitchenware
주방용품
키친웨어

beater
비터

● 【거품기】

hanger towel 행어 타올 ● 【핸드 타월】	**spice shaker** 스파이스 쉐이커 ● 【조미료 통】	**honey stick** 허니 스틱 ● 【허니스틱】	**ice maker** 아이스 메이커 ● 【얼음틀】
sponge 스펀지 ● 【스펀지】	**coaster** 코스터 ● 【컵 받침】	**measuring spoon** 메저링 스푼 ● 【계량 스푼】	**kitchen timer** 키친 타이머 ● 【주방용 타이머】
lunch box 런치 박스 ● 【도시락】	**plate** 플레이트 ● 【접시】	**scrub brush** 스크럽 브러시 ● 【세탁 솔】	**mug** 머그 ● 【머그컵】
tea strainer 티 스트레이너 ● 【차망】	**daily necessities / sundries** 일용품 · 잡화 데일리 네세시티스/ 선드리즈	**cushion** 쿠션 ● 【쿠션】	**slippers** 슬리퍼스 ● 【슬리퍼】
bookmark 북마크 ● 【책갈피】	**ballpoint pen** 볼포인트 펜 ● 【볼펜】	**key chain** 키 체인 ● 【열쇠고리】	**handkerchief** 행커칩 ● 【손수건】

stuffed toy 스텁드 토이 ● 【봉제 인형】	**photo frame** 포토 프레임 ● 【액자】	**cell phone cover** 셀 폰 커버 ● 【휴대폰 케이스】	**hairbrush** 헤어브러시 ● 【머리빗】
tote bag 토트 백 ● 【에코백】	**adhesive bandage** 애드히시브 밴드에이지 ● 【반창고】	식품 **food** 푸드	**chocolate** 초콜릿 ● 【초콜릿】
wafer 웨이퍼 ● 【전병】	**tea** 티 ● 【차】	**shortbread** 쇼트브레드 ● 【쇼트브레드 쿠키】	**bonbon** 봉봉 ● 【봉봉 캔디】
beef jerky 비프 절키 ● 【육포】	**pistachio** 피스태시오 ● 【피스타치오】	**fudge** 퍼지 ● 【퍼지】	**coconut chocolate** 코코넛 초콜릿 ● 【코코넛 초콜릿】
pancake mix 팬케익 믹스 ● 【팬케이크 믹스】	**fruit snack** 프룻 스낵 ● 【프루트 스낵】	**dried mango** 드라이드 맹고 ● 【건망고】	**dressing** 드레싱 ● 【샐러드 드레싱】
cookie 쿠키 ● 【쿠키】	**cereal** 시리얼 ● 【시리얼】	**mint tablet** 민트 태블릿 ● 【민트맛 사탕】	**popcorn** 팝콘 ● 【팝콘】

영어로 대화할 때는 이렇게!

언어도 문화도 다른 외국에서는, 평범한 잠깐의 커뮤니케이션으로 회화에 활기를 띄기도 하고, 반대로 생각지도 못한 오해가 생기기도 합니다. 알아 두면 좋을 커뮤니케이션의 노하우를 알려 드립니다.

상대의 몸에 닿았을 때는 꼭 "excuse me(익스큐즈 미)"라고 합니다.

거리를 걷다가 누군가의 몸에 닿게 되면 바로 사과합시다. 복잡한 차 안에서도 반드시 "미안 합니다(익스큐즈 미)"라고 사과하지 않으면 문제가 생길지도 몰라요.

Excuse me

점원 등, 상대를 존중합니다.

유럽과 미국에서 점원과 손님은 평등한 관계입니다. 가게에 들어가면 인사를 하고, 상품을 시착해 보고 싶을 때는 반드시 "시착해 봐도 될까요?(캔 아이 츄라이 디스 온?)"라고 말해 봅니다.

Hello.

"Let me see"
렛 미 씨
아, 그럼습니까?

"Uh-hah"
어하
아하

"Oh,really?"
오 리얼리?
진짜입니까?

이와 같은 맞장구를 자유자재로 사용할 수 있게 되면 회화를 잘 하는 것입니다.

과도하게 yes 라고 말하거나 지나치게 고개를 끄덕이는 것은 안됩니다.

모를 때에도 yes라고 말해서는 안됩니다. 모를 때에는 확실하게 '잘 모릅니다 (아이 돈 노우).' 하고 상대에게 전달하는 것이 중요합니다. 이야기를 들으면서 너무 고개를 끄덕이는 것도 주의하세요.

Please.

상대의 눈을 보고 말하는 것이 대화의 기본입니다.

불안하거나 자신이 없을 때는 주뼛주뼛하기 쉽습니다만, 확실하게 상대의 눈을 보고 대화한다면 상대도 기분 좋게 응대해 줄 것입니다.

종교나 정치, 직업 등 너무 개인적인 대화 주제는 꺼내지 않는 것이 무난합니다.

주의해야 할 제스처를 소개합니다.

보디랭귀지는 의사를 전달하는 중요한 수단이지만, 문화에 따라 같은 제스처가 완전히 다른 의미를 갖는 경우도 있습니다. 한국과 의미가 다른 제스처를 소개합니다.

브이 포즈

어디든 상관없이 브이 포즈하는 것은 주의합니다. 영국에서는 손등이 상대에 향한 채 이 제스처를 하는 것이 대표적인 모욕적 표현입니다.

조금 사치를 부려 고급 레스토랑에 가 볼까요?

여행의 가장 큰 재미 중의 하나는 맛집입니다. 모처럼 멋지게 차려입고
세련된 맛과 분위기를 즐기러 나가 봅시다.

예약 시의 대화는
P.92를 참고해
주세요.

먼저 예약해 봅시다

| 오늘 저녁 식사를 예약하고 싶습니다. | **I'd like to make a reservation for tonight.** |
| | 아이드 라익 투 메익 어 레저베이션 포 투나잇 |

| 죄송합니다. 그 시간엔 남는 테이블이 없네요. | **I'm sorry. We have no table available at that time.** |
| | 아임 쏘리 위 해브 노 테이블 어베일러블 엣 댓 타임 |

| 알겠습니다. 한 테이블 예약해 드리겠습니다. | **Sure. We'll have a table ready for you.** |
| | 슈얼 위일 해브 어 테이블 레디 포 유 |

| 7시에 2명 예약하고 싶습니다. | **For two people at seven o'clock .** |
| | 포 투 피플 엣 세븐 어클락 |

참고P.156
참고P.158

| 금연 구역으로 부탁드려요. | **Non-smoking section, please.** |
| | 넌 스모킹 섹션 플리즈 |

원포인트 드레스 코드에 관해서

레스토랑에 따라서는 드레스 코드가 있는 가게도 있으므로 예약 시에 확인해 봅시다.
드레스 코드가 없는 가게라면 기본적으로 자유롭게 입으면 되지만, 가게의 분위기에 어울리는 복장을
선택하는 것이 예의입니다. 대략적인 기준을 확인해 두도록 합시다.

Smart Casual
스마트 캐쥬얼

캐주얼한 레스토랑
등에서

깔끔한 분위기의
일반적인 복장이
면 됩니다. 청바지
는 피하는 것이 좋
습니다.

Elegant
엘레건트

고급 레스토랑 등에서

남성 : 재킷+넥타이
여성 : 재킷+원피스에
액세서리 등으로 차려
입는 것이 좋습니다.

몇 시에 예약할 수 있을까요?

What time can we reserve a table?
왓 타임 캔 위 리저브 어 테이블?

드레스 코드가 있나요?

Do you have a dress code?
두 유 해브 어 드레스 코드?

레스토랑에서 해야 할 행동들

Scene 1
카운터에서 이름을 말하고 안내를 받도록 합니다.

좋은 저녁입니다. 제 이름은 김미나입니다. 예약했는데요.
Good evening. I'm Mina Kim. I have a reservation.
굿 이브닝. 아임 미나 킴.
아이 해브 어 레저베이션

Scene 2
주문은 자신의 테이블 담당자에게 합니다.

저기요, 주문할게요.
Excuse me, may I order?
익스큐즈미, 메이 아이 오더?

Scene 3
식사 중에 소리를 내지 않도록 조심합니다.

죄송합니다.
Excuse me.
익스큐즈 미

Scene 4
떨어뜨린 물건은 본인이 줍지 않습니다.

죄송하지만 숟가락을 새로 가져다 주실 수 있을까요?
Could you bring me another spoon?
쿠 쥬 브링 미 어너덜 스푼?

Scene 5
식사 중에 자리를 비울 경우

화장실은 어디입니까?
Where is the restroom?
웨얼 이즈 더 레스트룸?

Scene 6
식사 자리에서 흡연은 하지 맙시다.

흡연할 수 있는 곳이 있습니까?
Is there a place I can smoke?
이즈 데얼 어 플레이스
아이 캔 스모크?

맛있는 음식을 즐겨 보세요.

길거리의 레스토랑이나 트렌디한 가게, 여러 나라의 요리를 파는 음식점 등 가보고 싶은 곳이 많습니다. 요리뿐만 아니라, 가게 분위기도 즐겨 보세요.

식당에 들어설 때

안녕하세요
Hello.
헬로

좌석이 있나요?
Do you have a table?
두 유 해브 어 테이블?

죄송합니다.
만석입니다.
I'm sorry. All the tables are occupied.
아임 쏘리 올 더 테이블스 알 아큐파이드

기다릴게요
I'll wait.
아일 웨잇

다음에 올게요
I'll come again.
아일 컴 어게인

얼마나 기다려야 하나요?
How long do I have to wait?
하우 롱 두 아이 해브 투 웨잇

메뉴와 와인 리스트를 볼 수 있을까요?
Can I see the menu and the wine list?
캔 아이 씨 더 메뉴 앤 더 와인 리스트?

주문해도 될까요?
Can I order now?
캔 아이 오더 나우?

어떤 걸 추천해 주시겠어요?
What do you recommend?
왓 두 유 레커맨드?

향토 요리가 있나요?
Do you have any local dishes?
두 유 해브 애니 로컬 디쉬즈?

로스터드 치킨과 매시트포테이토 주세요.
I'd like roasted chicken and mashed potatoes.
아이드 라익 로스터드 치킨 앤 매쉬드 포테이토스
참고 P.72

이 요리를 나눠 먹을 거예요.
We'll share this dish.
위일 쉐얼 디스 디쉬

| 주문을 취소할 수 있을까요? | **Can I cancel my order?**
캔 아이 캔슬 마이 오더? |

식사 중에

| 이것을 먹는 방법을 알려 주시겠어요? | **Could you tell me how to eat this?**
쿠 쥬 텔 미 하우 투 잇 디스? |

| 빵을 좀 더 가져다 주세요. | **I'd like to have more bread, please.**
아이드 라익 투 해브 모어 브레드 플리즈 |

| 실례합니다. <u>나이프</u>를 받지 못했어요. | **Excuse me, I didn't get a knife.**
익스큐즈 미 아이 디든 겟 어 나이프 |

| 제가 숟가락을 [포크를] 떨어뜨렸어요. | **I dropped my spoon [fork] .**
아이 드랍드 마이 스푼 [포크] |

| 탄산없는 생수 부탁드려요. | **Mineral water, without bubbles, please.**
미너럴 워터 윗아웃 버블 플리즈 |

| 이 요리는 덜 익은 것 같아요. | **This dish is rather raw.**
디스 디쉬 이즈 레더 로우 |

| 제 잔이 더럽네요. 바꿔 주세요. | **My glass is dirty. I'd like another one.**
마이 글래스 이즈 더티 아이드 라익 어너덜 원 |

| 테이블을 정리해 주실 수 있나요? | **Can you clear the table?**
캔 유 클리어 더 테이블? |

| 제가 와인을 흘렸어요. | **I spilled my wine.**
아이 스필드 마이 와인 |

| 여기를 닦아 주실 수 있나요? | **Could you wipe here, please?**
쿠 쥬 와이프 히얼 플리즈? |

배불러요!
I'm full.
아임 풀.

맛있는 음식을 즐겨 보세요.

디저트를 맛보고 싶다면

디저트 메뉴를 보고 싶어요.
I'd like to see a dessert menu.
아이드 라익 투 씨 어 디저트 메뉴

어떤 디저트를 추천해 주시겠어요?
Which dessert do you recommend?
위치 디저트 두 유 레커맨드?

배타르트 하나 주세요.
The pear tarte, please.
더 페어 타르트 플리즈

아직 다 먹지 않았어요.
I haven't finished yet.
아이 해븐트 피니쉬드 옛

커피를 한 잔 더 주시 겠어요?
Could I have another cup of coffee, please?
쿠드 아이 해브 어너덜 컵 오브 커피 플리즈?

더 필요한 건 없어요. 감사합니다.
Nothing more, thank you.
낫띵 모어 땡큐

계산할 때

어디서 계산하나요?
Where is the cashier?
웨얼 이즈 더 캐셔?

계산할게요.
Check, please.
체크 플리즈

총 얼마인가요?
How much is the total?
하우 머치 이즈 더 토탈?

따로 계산할게요.
We want to pay separately.
위 원 투 페이 세퍼럿리

> 계산하고 싶을 때는, 손을 살짝 들어서 사인을 보내면 웨이터가 계산서를 가지고 올 것입니다.

잘 먹었습니다.
I enjoyed the meal, thank you.
아이 인조이드 더 밀 땡큐

계산에 문제가 있는 것
같습니다.
I think this check is incorrect.
아이 띵크 디스 체크 이스 인커렉트

이것은 무엇의 요금인
가요?
What's this charge for?
왓츠 디스 차지 포?

저는 <u>면 요리</u>를 주문
하지 않았어요.
I didn't order any noodles.
아이 디든 오더 애니 누들스

다시 확인해주시겠어요?
Could you check it again?
쿠 쥬 체크 잇 어게인?

(호텔에서) 방 계산
에 포함시켜 주세요.
Will you charge it to my room, please?
윌 유 차지 잇 투 마이 룸 플리즈?

신용 카드로 지불
가능할까요?
Do you accept credit cards?
두 유 액셉트 크래딧 카즈?

여행자 수표로 낼게요.
I'll pay by traveler's check.
아이 페이 바이 트래블러스 체크

**한마디
표현**

맛있어요.
It tastes good.
잇 테이스트스 굿

만족스러웠어요.
I'm very satisfied.
아임 베리 세티스파이드

배불러요.
I'm full.
아임 풀

집에 가져가도 되나요?
Can I take this home?
캔 아이 테익 디스 홈?

맛있었어요.
It was delicious.
잇 워즈 딜리셔스

이것을 치워주시겠어요?
Can you take this away, please?
캔 유 테익 디스 어웨이 플리즈

영수증 좀 주실래요?
Can I have a receipt?
캔 아이 해브 어 리싯?

LOOK

┌─────────┐ 부탁합니다.
│   │
└─────────┘ , please.

┌─────────┐
│   │ 플리즈
└─────────┘

고기요리
meat dishes
미트 디쉬즈

grilled lamb
그릴드 램

● 【어린 양 구이】

---

chicken pie
치킨 파이

● 【치킨파이】

pipikaula
피피카울라

● 【하와이식 갈비】

pheasant terrine
피전트 테린

● 【꿩 테린】

roasted duck
로스티드 덕

● 【로스트 덕】

---

roasted pigeon breast
로스티드 피죤 브레스트

● 【비둘기 가슴살 로스트】

beefsteak
비프스테이크

● 【소고기 스테이크】

pork rib
포크 립

● 【돼지 갈비】

roasted beef
로스티드 비프

● 【구운 소고기】

---

roasted lamb
로스티드 램

● 【구운 양고기】

Aussie beef
오지 비프

● 【호주식 소고기】

kangaroo steak
캥거루 스테이크

● 【캥거루 스테이크】

lamb chop
램 찹

● 【램 찹】

T-bone steak
티 본 스테이크

● 【티본 스테이크】

BBQ chicken
비비큐 치킨

● 【비비큐 치킨】

locomoco
로코모코

● 【로코모코】

meat pie
미트 파이

● 【고기 파이】

---

lumpia
룸피아

● 【룸피아】

Kalua Pig
칼루아 피그

● 【돼지찜】

Laulau
라우라우

● 【고기와 생선을 나뭇잎에 싸서 찌거나 구운 것】

chicken long rice soup
치킨 롱 라이스 숩

● 【닭고기 수프】

<table>
<tr>
<td>

해산물

seafoods
씨푸드

</td>
<td>

deep-fried mud crab
딥 프라이드 머드 크랩

● 【머드 크랩 튀김】

</td>
<td>

salmon steak
새먼 스테이크

● 【연어 스테이크】

</td>
<td>

fish and chips
피쉬 앤 칩스

● 【피쉬 앤 칩스】

</td>
</tr>
</table>

garlic shrimp
갈릭 슈림프

● 【마늘 새우 튀김】

marinated scallop
마리네이티드 스캘럽

● 【가리비 마리네이트】

tuna carpaccio
튜나 카르파쵸

● 【참치 카르파초】

cod tart
콧 타르트

● 【대구 타르트】

lobster
랍스터

● 【랍스터】

shrimp cocktail
슈림프 칵테일

● 【칵테일 새우】

smoked salmon
스모크드 새먼

● 【훈제 연어】

seafood platter
씨푸드 플래터

● 【해산물 모둠】

salmon fish cake
새먼 피쉬 케익

● 【연어 크로켓】

Moreton Bay Bug
모튼 베이 버그

● 【부채새우붙이】

grilled tuna
그릴드 튜나

● 【참치 구이】

fried king prawn
프라이드 킹 프론

● 【왕새우 튀김】

grilled scampi
그릴드 스캠피

● 【스캠피 구이】

mangrove crab
맹그로브 크랩

● 【맹그로브 크랩】

escabeche
에스카베슈

● 【생선튀김 초절임】

coconut crab
코코넛 크랩

● 【코코넛 크랩】

octopus kelaguen
옥토퍼스 켈라구엔

● 【문어 켈라구엔】

shrimp in coconut milk
슈림프 인 코코넛 밀크

● 【코코넛 밀크 새우】

lomi-lomi salmon
로미로미 새먼

● 【로미로미 연어】

ahi poke
아히 포케
● 【참치와 해초 무침】

LOOK

[_____] 있나요?
Do you have [_____] ?
두 유 해브 [_____] ?

| 야채·계란 요리
vegetable/egg dishes
베지터블 / 에그 디쉬즈 |

assorted cheeses
어소어티드 치저스

● 【치즈 모둠】

---

muffaletta
머펄레터

● 【살라미 치즈 샌드위치】

oxtail soup
옥스테일 숩

● 【소 꼬리 수프】

omelet
오믈렛

● 【오믈렛】

Eggs Benedict
에그 베네딕트

● 【에그 베네딕트】

English Breakfast
잉글리시 브렉퍼스트

● 【잉글리시 브렉퍼스트】

mushroom risotto
머쉬룸 리소토

● 【버섯 리조또】

Caesar salad
시저 샐러드

● 【시저 샐러드】

spaghetti with meat balls
스파게티 윗 미트볼

● 【미트볼 스파게티】

---

mashed potatoes
매쉬드 포테이토

● 【매쉬드 포테이토】

baked potato
베이크드 포테이토

● 【감자 구이】

Cornish pie
코니쉬 파이

● 【쇠고기와 감자 파이】

cottage pie
코티지 파이

● 【다진고기와 감자를 구운 요리】

---

afternoon tea
에프터눈 티

● 【에프터눈 티】

spinach quiche
스피너치 키쉬

● 【시금치 키쉬】

carbonara
카르보나라

● 【까르보나라】

black soybeans soup
블랙 소이빈 숩

● 【검은콩 수프】

---

pancit
팬씻

● 【광식 야끼소바】

red rice
레드 라이스

● 【차모로풍 팥밥】

poi
포이

● 【하와이 토란 요리】

saimin
사이민

● 【하와이 스타일 라면】

toast
토스트
● 【토스트】

pastrami sandwich
파스트라미 샌드위치
●【파스트라미 샌드위치】

spaghetti with tomato sauce
스파게티 윗 토마토 소스
● 【토마토 스파게티】

퓨전요리
fusion cuisine
퓨전 퀴진

scrambled eggs and bacon
스크램블드 에그스 앤 베이컨
●【베이컨 스크램블 에그】

french toast
프렌치 토스트
● 【프렌치 토스트】

salmon lox
새먼 록스
● 【연어 크림치즈 베이글】

shrimp with chili sauce
슈림프 윗 칠리 소스

● 【칠리새우】

sushi roll
스시 롤

● 【스시롤】

fried rice
프라이드 라이스

● 【볶음밥】

spring roll
스프링 롤

● 【춘권】

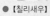
재료
ingredients
인그리디언츠

beef
비프
● 【소고기】

chicken
치킨
● 【닭고기】

mutton
머턴
● 【양고기】

veal
빌
● 【송아지고기】

pork
포크
● 【돼지고기】

lamb
램
● 【새끼 양고기】

rabbit meat
래빗 미트
● 【토끼고기】

thigh
따이
● 【넓적다리살】

salmon
새먼
● 【연어】

oyster
오이스터
● 【굴】

egg
에그
● 【달걀】

rib
립
● 【갈빗살】

crab
크랩
● 【게】

shrimp
슈림프
● 【새우】

asparagus
아스패어러거스
● 【아스파라거스】

broccoli
브로콜리
● 【브로콜리】

celery
샐러리
● 【샐러리】

cabbage
캐비지
● 【양배추】

avocado
아보카도
● 【아보카도】

artichoke
아티초크
● 【아티초크】

potato
포테이토
● 【감자】

rice
라이스
● 【쌀】

zucchini
주키니
● 【애호박】

eggplant
에그플랜트
● 【가지】

mushroom
머시룸
● 【버섯】

ham
햄
● 【햄】

salami
살라미
● 【살라미】

milk
밀크
● 【우유】

butter
버터
● 【버터】

fresh cream
프레쉬 크림
● 【생크림】

	부탁합니다. , please. 플리즈

shrimp summer roll 슈림프 써머 롤	**dim sums** 딤섬
 ● 【새우 월남권】	● 【딤섬】

rice gruel 라이스 그루일 ● 【죽】	**steamed dumpling** 스팀드 덤플링 ● 【찐만두】	**barbecue beef** 바비큐 비프 ● 【바비큐 비프】	**chili** 칠리 ● 【칠리】
Chinese dumpling 차이니즈 덤플링 ● 【교자】	**shrimp tacos** 슈림프 타코스 ● 【새우 타코】	**tortilla sandwich** 토르티아 샌드위치 ● 【토르티야】	**grilled corn** 그릴드 콘 ● 【옥수수 구이】
음료 **beverage** 베버리지	**American coffee** 아메리칸 커피 ● 【아메리칸 커피】	**espresso** 에스프레소 ● 【에스프레소】	**latte** 라테
	iced tea 아이스드 티 ● 【아이스 티】	**soda water** 소다 워터 ● 【소다】	 ● 【라떼】
iced cappuccino 아이스드 카푸치노 ● 【아이스 카푸치노】	**macchiato** 마키아토  ● 【마키아토】	**red wine** 레드 와인 ● 【레드 와인】	**white wine** 화이트 와인 ● 【화이트 와인】
sparkling wine 스파클링 와인 ● 【스파클링 와인】	**champagne** 샴페인 ● 【샴페인】	**beer** 비어 ● 【비어】	**whisky** 위스키 ● 【위스키】

새로운 요리가
궁금하다면

오늘의 추천요리는 무엇인가요?

What is today's special?
왓　　　이즈 투데이스　스페셜

cocktail 칵테일 ● 【칵테일】	**Margarita** 마르가리타 ● 【마르가리타 칵테일】	**Sangria** 샹그리아 ● 【샹그리아】	**Mai Tai** 마이 타이 ● 【마이타이】
Hafa Aadai Cooler 하파 아다이 쿨러 ● 【하파 아다이 쿨러】	**Chi Chi** 치 치 ● 【치치】	**Frozen Margarita** 프로즌 마르가리타 ● 【프로즌 마르가리타】	**Mojito** 모히또 ● 【모히토】

조리법 **cookery** 쿠커리	**roasted** 로스티드 ● 【구운】	**charcoal-broiled** 차콜 브로일드 ● 【숯불에 구운】	**braised** 브레이즈드 ● 【푹 삶은】
	baked 베이크드 ● 【(오븐에) 구운】	**boiled** 보일드 ● 【끓인】	**fried** 프라이드 ● 【튀긴】
white sauce 화이트 소스 ● 【화이트 소스】	**frozen** 프로즌 ● 【얼린】	**raw** 로우 ● 【익히지 않은】	**sliced** 슬라이스드 ● 【얇게 썬】
mashed 매쉬드 ● 【으깬】	**baked in foil** 베이크드 인 포일 ● 【포일로 싸서 구운】	**fresh** 프래시 ● 【상쾌한】	**spicy** 스파이시 ● 【매운】
seasoned 시즌드 ● 【맛을 낸】	**vinegared** 비니거드 ● 【식초에 절인】	**stuffed** 스텁드 ● 【속을 채운】	조미료 **seasoning** 시즈닝
smoked 스모크드 ● 【훈연한】	**steamed** 스팀드 ● 【찐】	**oil** 오일 ● 【오일】	
olive oil 올리브 오일 ● 【올리브 오일】	**salt** 솔트 ● 【소금】	**sugar** 슈거 ● 【설탕】	**herb** 허브 ● 【허브】
pepper 페퍼 ● 【후추】	**mustard** 머스터드 ● 【겨자】	**paprika** 파프리카 ● 【파프리카】	**garlic** 갈릭 ● 【마늘】

LOOK

[_____] 부탁합니다.

[_____], please.

[_____] 플리즈

스위츠
sweets
스윗츠

strawberry tart
스트로베리 타르트

● 【딸기 타르트】

chocolate cream cake
초콜릿 크림 케이크

● 【초콜릿 크림 케이크】

frangipane
프랜지페인

● 【프랜지페인】

scone
스콘

● 【스콘】

truffle
트러플

● 【초코 과자】

almond tart
아몬드 타르트

● 【아몬드 타르트】

sundae
선데이
● 【선데이 아이스크림】

pecan pie
피칸파이

● 【피칸파이】

cinnamon roll
시나몬 롤

● 【시나몬 롤】

waffle
와플

● 【와플】

muffin
머핀
● 【머핀】

cup cake
컵 케익

● 【컵케이크】

berry smoothie
베리 스무디

● 【베리 스무디】

berry mousse
베리 무스
● 【베리 무스】

strawberry cake
스트로베리 케익
● 【딸기 케이크】

shake
쉐이크
● 【셰이크】

chocolate cake
초컬릿 케익

● 【초콜릿 케이크】

frozen yoghurt
프로즌 요거트

● 【요거트 아이스크림】

purple potato ice cream
퍼플 포테이토 아이스크림

● 【우베 아이스크림】

crepe
크레이프

● 【크레페】

creme brulee
크렘 브륄레

● 【크렘브륄레】

butter mochi
버터 모치

● 【버터 모찌】

shave ice
쉐이브 아이스

● 【하와이식 빙수】

assai bowl
아사이 볼

● 【아사이 볼】

marasada
마라사다

● 【마라사다】

봉사료가 포함되어
있나요?

Is the service charge included?
이즈 더 서비스 차지 인클루디드?

잔돈은 됐어요.

Keep the change.
킵   더   체인지

팁은 카드 결제에
포함시켜 주세요.

Please put the tip on my credit card.
플리즈 풋 더 팁 온 마이 크레딧 카드

일반적인 테이블 세팅

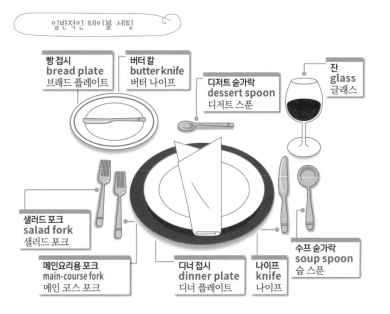

빵 접시
bread plate
브래드 플레이트

버터 칼
butter knife
버터 나이프

디저트 숟가락
dessert spoon
디저트 스푼

잔
glass
글래스

샐러드 포크
salad fork
샐러드 포크

메인요리용 포크
main-course fork
메인 코스 포크

디너 접시
dinner plate
디너 플레이트

나이프
knife
나이프

수프 숟가락
soup spoon
숩 스푼

DELI에서 주문해 봅시다.

다양한 음식을 고르는 것도 하나의 재미입니다.
꼭 마음에 드는 메뉴를 테이크아웃 해 보세요.

그럼 주문해 봅시다

 안녕하세요.
Hi.
하이

무엇을 도와드릴까요?
Hi. What can I get you?
하이 왓 캔 아이 겟 츄?

1/2 파운드 미트볼이랑 시저 샐러드 하나 주세요.
A half pound of meat balls and Caesar salad, please.
어 하프 파운드 오브 미트 볼스 앤 씨저 샐러드 플리즈

다른 필요하신 것은 없나요?
Anything else?
애니띵 엘스?

야채 키쉬도 하나 주세요. / 그게 다예요.
And a slice of vegetable quiche, please.
앤드 어 슬라이스 오브 베지터블 키쉬 플리즈
/That's all.
댓츠 올

8달러입니다. 감사합니다.
That will be eight dollars. Thank you.
댓 윌 비 에잇 달러스 땡큐

여기 10달러요.
Here is ten.
히얼 이즈 텐

 잔돈 여기있습니다.
Here's your change.
히얼스 유얼 체인지

 감사합니다.
Thank you.
땡큐

델리 활용하는 포인트

1 공원에서 따끈따끈한 점심을
날씨가 좋은 날 꼭 시도해 보세요. 다만, 더운 여름 날이나 사람들이 많은 시간은 피하는게 좋아요.

2 호텔에서 느긋하게 저녁으로
가게에 따라서는 치즈나 와인도 파는 곳이 있어요. 방에서 느긋하게 저녁으로 먹을 수 있어요.

3 기념품으로
생활잡화나 로고가 들어가 있는 상품 등이 놓여져 있는 가게도 있어요. 귀여운 기념품을 찾아 봅시다.

4 몸 상태가 좋지 않을때
백화점 지하나 푸드코트 같은 곳에는 아시안 요리도 있답니다. 한국 음식이 그리울 때 가보면 좋아요.

LOOK

	반찬 deli 델리	chicken kebab 치킨 케밥

◻️ 부탁합니다.
◻️ , please.
◻️ 플리즈

● 【닭고기 케밥】

taco 타코	sandwich 샌드위치	crayfish and mango salad 크레이피쉬 앤 망고 샐러드	couscous salad 쿠스쿠스 샐러드
● 【타코】	● 【샌드위치】	● 【가재와 망고 샐러드】	● 【쿠스쿠스 샐러드】

salmon and cheese bagel 새먼 앤 치즈 베이글	pita bread sandwich 피타 브레드 샌드위치	tandoori chicken and rice salad 탄두리 치킨 앤 라이스 샐러드	pizza 피자
● 【연어 치즈 베이글】	● 【피타 빵 샌드위치】	● 【탄두리치킨 라이스 샐러드】	● 【피자】

fruit bowl 프룻 볼	empanada 엠파나다	rice and beans 라이스 앤 빈스 ● 【쌀과 콩】	chickpea salad 칙페아 샐러드 ● 【병아리콩 샐러드】
		mexican pizza 멕시칸 피자 ● 【멕시칸 피자】	lasagna 라자냐 ● 【라자냐】
● 【프루트 볼】	● 【엠파나다】		

원포인트 재료를 골라 보세요

◻️ 를 주세요.
Can I have ◻️ ?
캔 아이 헤브 ◻️

하와이 명물인 플레이트 런치는
간단하게 배불리 먹을 수 있어
요. 메인과 샐러드, 밥 종류를
고를 수 있어요.

오곡미
cereal rice
시리얼 라이스

구운 연어
grilled salmon
그릴드 새먼

그린 샐러드
green salad
그린 샐러드

진저 포크
ginger pork
진저 포크

다른 재료는
이렇게 말합니다

백미 white rice 화이트 라이스	현미 brown rice 브라운 라이스	감자 샐러드 potato salad 포테이토 샐러드	마카로니 샐러드 macaroni salad 마카로니 샐러드

기본 회화

관광

쇼핑

맛집

뷰티

엔터테인먼트

호텔

교통수단

기본 정보

단어장

81

테이크아웃도 멋지게 주문해 보세요.

산책 도중에 간단히 배를 채울 수 있는 테이크아웃 메뉴입니다. 여행지에서만 맛볼 수 있는 것들로 골라 보세요.

가볍게 가 보면 좋을 맛집

미국에서는 인기 있는 푸드 트럭에서 그리스, 자메이카, 멕시코 등의 다양한 나라의 요리는 물론, 레스토랑에서 제공할 것만 같은 메뉴, 아이스크림, 와플 등 맛있는 디저트 종류도 많습니다. 점원들이 다양한 국적의 사람들로 이루어진 경우도 많기 때문에 정확하게 주문합시다. 길거리에서 손쉽게 볼 수 있는 푸드 트럭도 꼭 도전해 보세요.

그럼 주문해 봅시다

안녕하세요
Hi.
하이

안녕하세요. 주문하시겠어요?
Hi. Are you ready to order?
하이 아 유 레디 투 오더?

핫도그 하나랑 라지 사이즈 콜라 주세요.
A hot dog and a large coke, please.
어 핫도그 앤 어 라지 코크 플리즈

드시고 가시나요?
Are you going to eat here?
아 유 고잉 투 잇 히얼?

네. / 포장해 주세요.
Yes. / To go, please.
예스 / 투 고 플리즈

머스터드 소스 드릴까요?
Do you want some mustard?
두 유 원 썸 머스터드?

네, 감사해요. / 아니요 괜찮아요.
Yes, please. / No, thank you.
예스 플리즈. / 노 땡큐

7달러입니다.
That will be seven dollars.
댓 윌 비 세븐 달러스

(돈을 내며)여기 있습니다.
Here you are.
히얼 유 아

LOOK

| _____를 주세요. |
| _____, please. |
| _____플리즈 |

패스트푸드
fast food
패스트푸드

hamburger
햄버거

● 【햄버거】

bagel
베이글

● 【베이글】

onion rings
어니언 링스

● 【어니언링】

hot dog
핫도그

● 【핫도그】

french fries
프렌치 프라이즈

● 【프렌치 프라이즈】

chowder bread bowl
차우더 브레드 볼

● 【차우더 브래드 볼】

calamari-n-chips
칼라마리 앤 칩스

● 【칼라마리 앤 칩스】

crab cocktail
크랩 칵테일

● 【게살 칵테일】

oyster
오이스터

● 【굴】

manapua
마나푸아

● 【하와이식 찐빵】

fried spring roll
프라이드 스프링 롤

● 【튀긴 춘권】

barbecue stick
바비큐 스틱

● 【BBQ스틱】

taco
타코

● 【타코】

spam musubi
스팸 무스비

● 【스팸 주먹밥】

plate lunch
플레이트 런치

● 【접시하나에 담은 점심】

chickpea and potato curry
칙피어 앤 포테이토 커리
● 【병아리콩 감자 카레】

jambalaya
잠발라야
● 【잠발라야】

ham and cheese wrap
햄 앤 치즈 랩
● 【햄앤 치즈 랩】

pretzel
프레츨
● 【프레첼】

panini
파니니
● 【파니니】

soup
숩
● 【수프】

coke
코크
● 【콜라】

beer
비어
● 【맥주】

baguette sandwich
바게트 샌드위치
● 【바게트 샌드위치】

orange juice
오린지 주스
● 【오렌지 주스】

apple cider
애플 사이더
● 【사과맛 사이다】

mineral water
미너럴 워터
● 【생수】

참고 P.76

길거리 카페에서 쉬어가기

산책이나 관광으로 지쳤을 때 잠시 쉬어가면 좋은 곳은 카페입니다.
현지인들과 교류도 해 보면서 길거리의 분위기를 즐겨 보세요.

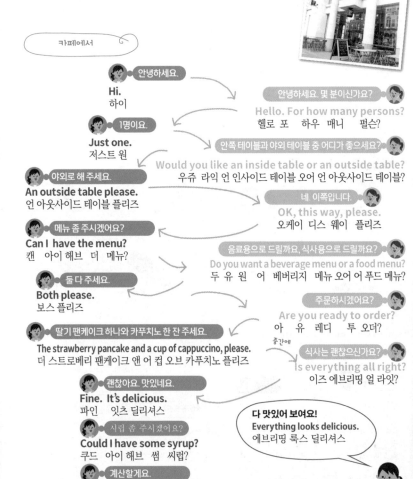

카페에서

안녕하세요.

Hi.
하이

안녕하세요. 몇 분이신가요?

Hello. For how many persons?
헬로 포 하우 매니 펄슨?

1명이요.

Just one.
저스트 원

안쪽 테이블과 야외 테이블 중 어디가 좋으세요?

Would you like an inside table or an outside table?
우쥬 라익 언 인사이드 테이블 오어 언 아웃사이드 테이블?

야외로 해 주세요.

An outside table please.
언 아웃사이드 테이블 플리즈

네. 이쪽입니다.

OK, this way, please.
오케이 디스 웨이 플리즈

메뉴 좀 주시겠어요?

Can I have the menu?
캔 아이 해브 더 메뉴?

음료용으로 드릴까요, 식사용으로 드릴까요?

Do you want a beverage menu or a food menu?
두 유 원 어 베버리지 메뉴 오어 어 푸드 메뉴?

둘 다 주세요.

Both please.
보스 플리즈

주문하시겠어요?

Are you ready to order?
아 유 레디 투 오더?

딸기 팬케이크 하나와 카푸치노 한 잔 주세요.

The strawberry pancake and a cup of cappuccino, please.
더 스트로베리 팬케이크 앤 어 컵 오브 카푸치노 플리즈

중간에

식사는 괜찮으신가요?

Is everything all right?
이즈 에브리띵 얼 라잇?

괜찮아요. 맛있네요.

Fine. It's delicious.
파인 잇츠 딜리셔스

시럽 좀 주시겠어요?

Could I have some syrup?
쿠드 아이 해브 썸 씨럽?

다 맛있어 보여요!
Everything looks delicious.
에브리띵 룩스 딜리셔스

계산할게요.

Check, please.
체크 플리즈

알아두면 좋을 카페 상식

1 음료 사이즈 표기법에 주의하세요

미국의 음료 표기법은 「oz (온즈)」를 씁니다. 예로 스타벅스에서 「8oz」는 샷, 「12oz」는 톨 사이즈를 의미합니다.

2 pudding(푸딩)의 또 다른 의미

영국에서는 pudding(푸딩)은 요리 명일 뿐만 아니라 '디저트'의 의미도 가지고 있습니다.

3 Short 과 Long

오스트레일리아의 카페에서는 에스프레소(Short Black)가 기본입니다. 이것을 뜨거운 물에 희석해서 마시는 것이 Long Black(롱 블랙)입니다.

메뉴에 대해 물어 봅시다

세트 메뉴가 있나요?
Do you have a set meal?
두 유 해브 어 세트 밀?

이건 무엇인가요?
What is this?
왓 이즈 디스?

어떤 것을 추천해 주시겠어요?
Which do you recommend?
위치 두 유 레커맨드?

같은 걸로 주세요.
The same for me, please.
더 세임 포 미 플리즈

빵을 조금 더 주실 수 있을까요?
Could I have some more bread?
쿠드 아이 해브 썸 모어 브레드?

나눠 먹을 거예요.
I'd like to share this.
아이드 라익 투 쉐어 디스

커피 한 잔 더 주시겠어요?
Could I have another cup of coffee, please?
쿠드 아이 해브 어너덜 컵 어브 커피 플리즈?

가게에서 먹은 디저트가 남았다면

포장되나요?

Can I get this to go?
캔 아이 겟 디스 투 고?

달달한 간식은 여행의 또 다른 재미죠.

너무 걸어서 피곤하면 단 것을 먹어서 기력 보충을 해 봐요.
현지에서만 맛볼 수 있는 디저트를 골라 보세요.

raspberry yoghurt
라즈베리 요거트
↓
라즈베리 요거트

라즈베리가 듬뿍 들어 있어서 몸에도 좋은 신선한 요거트입니다.

cheese cake
치즈 케익
↓
치즈 케익

진한 치즈의 풍미를 즐길 수 있는 케이크

bubble tea
버블 티
↓
버블티

차가운 밀크티 안에 맛있는 타피오카 펄이 들어 있어요.

gelato
젤라토
↓
젤라토

초콜릿, 애플파이, 체리 등 다양한 종류의 젤라토를 한꺼번에 맛봐요.

cupcake
컵케익
↓
컵케익

달콤한 스펀지 케이크 위에 진한 크림이 잘 어울리는 컵케이크

pancake
팬케익
↓
팬케이크

폭신한 팬케이크 위에 딸기 토핑이 듬뿍!

주문해 봅시다

이 케이크 한 조각 주세요.	**I'll have a slice of this cake.** 아일 해브 어 슬라이스 오브 디스 케익
어떤 걸 추천해 주시겠어요?	**What do you recommend?** 왓 두 유 레커맨드?
도넛 10개 주세요.	**Could I have ten donuts?** 쿠드 아이 해브 텐 도넛츠?

참고 P.156

과일 이름도 체크해 두세요

블루베리	blueberry 블루베리	사과	apple 애플	자두	plum 플럼	살구	apricot 애프리컷
배	pear 페어	복숭아	peach 피치	딸기	strawberry 스트로베리	레몬	lemon 레몬

pavlova
패블로바
↓
패블로바

머랭을 구워서 그 위에 생크림과 과일을 얹은 케이크입니다.

lamington
레밍턴
↓
레밍턴

초콜릿 스폰지에 코코넛을 묻힌 과자입니다.

guguria
구구리아
↓
구구리아

바삭바삭한 식감을 가진 괌 지역의 과자입니다.

donut
도넛
↓
도넛

초콜릿 위에 다채로운 토핑을 올려서 보는 눈도 즐거워져요.

haupia
하우빠
↓
하우빠

코코넛 밀크 젤리는 하와이의 대표적인 디저트입니다.

meringue
머랭
↓
머랭

바삭바삭한 머랭에 슬라이스 아몬드를 토핑으로 올려요.

먹고 가도 될까요?	**Can I eat here?** 캔 아이 잇 히얼?
포장해 주시겠어요?	**Could you make it to go, please?** 쿠 쥬 메이크 잇 투 고 플리즈?
오래 보관할 수 있나요?	**Does it keep long?** 더즈 잇 킵 롱?

와인을 똑똑하게 고르는 방법

여행지에서 시도해 볼 수 있는 것 중에 하나가 지역에서 나는 와인입니다.
맛도 가격도 천차만별이니 가게에서 물어보고 골라 보세요.

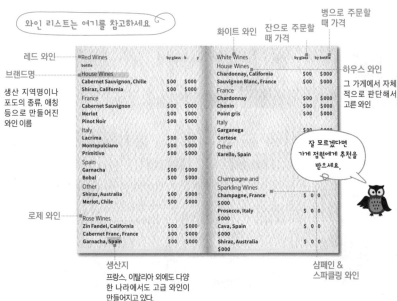

와인 리스트는 여기를 참고하세요

병으로 주문할 때 가격

화이트 와인

잔으로 주문할 때 가격

레드 와인 ⋯⋯ Red Wines

브랜드명 ⋯⋯ House Wines

생산 지역명이나 포도의 종류, 애칭 등으로 만들어진 와인 이름

하우스 와인

그 가게에서 자체적으로 판단해서 고른 와인

Red Wines	by glass	by bottle
bottle		
House Wines		
Cabernet Sauvignon, Chille	$00	$000
Shiraz, California	$00	$000
France		
Cabernet Sauvignon	$00	$000
Merlot	$00	$000
Pinot Noir	$00	$000
Italy		
Lacrima	$00	$000
Montepulciano	$00	$000
Primitivo	$00	$000
Spain		
Garnacha	$00	$000
Bobal	$00	$000
Other		
Shiraz, Australia	$00	$000
Merlot, Chile	$00	$000

로제 와인 ⋯⋯ Rose Wines

Rose Wines	by glass	by bottle
Zin Fandel, California	$00	$000
Cabernet Franc, France	$00	$000
Garnacha, Spain	$00	$000

White Wines	by glass	by bottle
House Wines		
Chardonnay, California	$00	$000
Sauvignon Blanc, France	$00	$000
France		
Chardonnay	$00	$000
Chenin	$00	$000
Point gris	$00	$000
Italy		
Garganega	$00	$000
Cortese		
Other		
Xarello, Spain		
Champagne and Sparkling Wines		
Champagne, France	$00	$000
Prosecco, Italy	$00	$000
Cava, Spain	$00	$000
Shiraz, Australia	$00	$000

잘 모르겠다면 가게 점원에게 추천을 받으세요.

생산지

프랑스, 이탈리아 외에도 다양한 나라에서도 고급 와인이 만들어지고 있다.

샴페인 & 스파클링 와인

와인 라벨 읽는 법

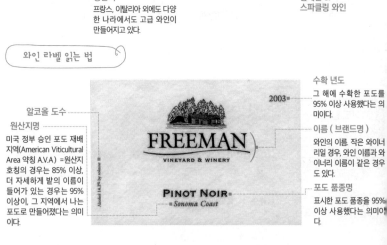

FREEMAN
VINEYARD & WINERY

PINOT NOIR
Sonoma Coast

Alcohol 14.2% by volume

알코올 도수

원산지명

미국 정부 승인 포도 재배 지역(American Viticultural Area 약칭 A.V.A) =원산지 호칭의 경우는 85% 이상, 더 자세하게 밭의 이름이 들어가 있는 경우는 95% 이상이, 그 지역에서 나는 포도로 만들어졌다는 의미이다.

수확 년도

그 해에 수확한 포도를 95% 이상 사용했다는 의미이다.

2003

이름 (브랜드명)

와인의 이름. 작은 와이너리일 경우, 와인 이름과 와이너리 이름이 같은 경우도 있다.

포도 품종명

표시한 포도 품종을 95% 이상 사용했다는 의미이다.

와인을 주문해 봅시다

시음할 수 있나요?
Can I taste it?
캔 아이 테이스트 잇?

이 와인 부탁드려요.	Can I have this wine? 캔 아이 해브 디스 와인?
와인을 추천해 주시겠어요?	Could you recommend some wine? 쿠 쥬 레커맨드 썸 와인?
어떤 와인이 단[드라이한]가요?	Which one is sweet [dry]? 위치 원 이즈 스윗 [드라이]?
지역 와인은 어떤 것입니까?	Which one is the local wine? 위치 원 이즈 더 로컬 와인?
가벼운 와인이 있을까요?	Do you have a light wine? 두 유 해브 어 라이트 와인?
화이트[레드] 와인 한 잔 주시겠어요?	Could I have a glass of white [red] wine? 쿠드 아이 해브 어 글래스 오브 화이트 [레드] 와인?
더 저렴한 것 있나요?	Do you have a cheaper one? 두 유 해브 어 칩퍼 원?
캘리포니아 와인으로 주시겠어요?	Could I have a California wine? 쿠드 아이 해브 어 캘리포니아 와인?

도움이 되는 단어장
WORD

원산지	the place of origin 더 플레이스 오브 오리진	포도	grape 그레이프	단맛	sweet 스윗
상표	brand 브랜드	등급선정	grading 그레이딩	산미	sour 사워
수확년	harvest year 하버스트 이어	마시는 시기	best time to drink 베스트 타임 투 드링크	향기	aroma 아로마
		소믈리에	sommelier 소믈리에	과일맛의	fruity 프루티
		쌉쌀함	dry 드라이	상쾌한	refreshing 리프레싱

같은 영어권이라도 나라에 따라 추천하는 음식들이 다릅니다.

미국에서는 다양한 국적의 사람들이 모인 뉴욕에서는 세계 각국의 음식들을 현지 맛 그대로 즐길 수 있습니다. 미국, 프랑스, 이탈리아는 물론 북극 요리나 인도 요리도 있답니다. 서부에서는 신선하고 맛있는 해산물 요리도 일품입니다.

● 뉴욕에서는 스테이크나 피자, 햄버거 등은 물론, 다양한 국적의 사람들이 모여 있는 도시답게 에스닉 요리도 맛볼 수 있습니다. 컵케이크나 맛있는 디저트도 빼놓을 수 없죠. LA나 샌프란시스코의 서부에서는 해산물 요리도 꼭 맛보세요.

Hamburger
햄버거

패티, 번, 토핑 등을 다양하게 올려서 언제 먹어도 맛있습니다

Lobster
랍스터

뉴욕에서는 신선한 랍스터를 롤빵에 올려서 만든 랍스터 롤이 인기입니다.

호주에서는 해산물이나, 오지비프 등 호주만의 음식을 맛보세요.

Ethnic Food
에스닉 푸드

다양한 민족이 사는 뉴욕이나 로스앤젤레스에는 다국적 요리가 많습니다. 사진은 인도요리인 탄두리 치킨입니다.

Cupcakes
컵케이크

먹는 것이 아까울 정도로 귀엽고 다채로운 컵케이크도 꼭 먹어 보세요.

Seafood
씨푸드
신선한 해산물을 먹고 싶다면 피시 마켓으로!

Steak
스테이크
호주 하면 오지 비프입니다.

Ethnic Food
에스닉 푸드
이민족이 많은 시드니에서는 다양한 국가의 요리를 볼 수 있어요.

영국에서는

'영국 음식은 맛이 없다' 라는 이미지를 갖고 있지만 최근에는 달라졌습니다. 전통적인 피쉬 앤 칩스나 로스트 비프는 물론이고, 새로운 요리들은 '맛있는 영국 음식'이라는 평가를 받고 있습니다.

● 재료에 구애받지 않고, 재료 본연의 맛을 최대한 살려서 심플하게 요리하는 것이 영국 요리의 특징입니다. 로스트 비프에 피쉬 앤 칩스, 잉글리시 브렉퍼스트나 해기스(양의 내장을 양의 위장에 넣어서 삶은 스코틀랜드 요리), 스카치 에그 등 전통적인 영국 요리를 시도해 보세요.

Fish&Chips
피쉬 앤 칩스

대표적인 생선은 대구로 만들어요. 몰트비니거를 뿌려서 먹습니다.

Pie
파이

파이라고 하면 달콤한 디저트를 생각하는데, 식사 대신으로도 먹을 수 있습니다. 다진 고기를 넣은 코티지 파이와 셰퍼드 파이가 유명합니다.

Afternoon tea
애프터눈 티

런던에 가면 한번은 우아한 애프터눈 티를 즐겨 보세요. 샌드위치, 스콘, 케이크 세트로 된 것이 전통적인 스타일입니다.

하와이에서는

약간 사치스러운 퍼시픽 림부터 로코모코 등 로컬 맛집까지 태양과 섬의 정취가 가득한 하와이안 음식을 즐겨 보세요.

> 퍼시픽 림은 전통적인 하와이 요리에 프렌치 스타일, 중화, 일식 등을 융합한 독창적인 요리를 말합니다!

Pacific Rim
퍼시픽 림

산지 야채나 고기, 생선 등으로만 만드는 요리가 특징이다.

Loco Moco
로코모코

밥 위에 햄버그스테이크와 계란 후라이를 올린다. 하와이의 대표적인 메뉴이다.

Saimin
사이민

구불구불한 면으로 만든 하와이식 라면입니다.

Spam musubi
스팸 무스비

스팸(런천미트)을 구워서 김으로 밥과 스팸을 만 음식입니다.

스파나 마사지로 힐링을, 한 템포 쉬어가기

해외에서 피곤함을 달래기 위해서는 스파나 마사지만한게 없습니다.
말하고자 하는 바를 잘 전달하기만 한다면 힐링을 느낄 수 있습니다.

예약~접수

예약하고 싶습니다.	**I'd like to make an appointment.** 아이드 라익 투 메익 언 어포인먼트
내일 4시에 2명 예약 부탁드립니다.	**For two people, tomorrow at four o'clock, please.** 포 투 피플 투모로우 엣 포 어클락 플리즈 참고P.156 참고P.158
60분 동안 진행되는 전신 마사지로 부탁드립니다.	**I'd like to have a full-body massage for sixty minutes.** 아이드 라익 투 헤브 어 풀 바디 마사지 포 식스티 미닛츠 참고P.156
한국어를 하실 수 있는 분이 있나요?	**Is there anyone who speaks Korean?** 이즈 데얼 애니원 후 스픽스 코리안?
한국어로 된 메뉴판이 있나요?	**Do you have a Korean menu?** 두 유 해브 어 코리안 메뉴?
가격표를 볼 수 있을 까요?	**Can I see the price list?** 캔 아이 씨 더 프라이스 리스트?
시간이 얼마나 걸리나요?	**How long does it take?** 하우 롱 더즈 잇 테익?
얼마예요?	**How much is it?** 하우 머치 이즈 잇?
여성 직원분을 선호합 니다.	**I'd like a female therapist.** 아이드 라이크 어 피메일 떼라피스트
같은 방에서 받을 수 있을까요?	**Can we have it in the same room?** 캔 위 해브 잇 인 더 세임 룸?

스파나 마사지를 즐기는 방법을 알아 둡시다 【주의】귀중품이나 현금 지참은 피하는 것이 좋다. 또 시술 전후 음주는 하지말 것

1 예약해 봅시다
예약은 필수, 사이트를 이용하면 할인도 있을 수 있어요.

2 가게에는 여유있게 도착하세요
지각하게 되면 시술 시간이 짧아질 수도 있습니다. 예약시간 10분 전에 도착하도록 합니다.

3 상담
접수 후, 당일의 몸 상태나 시술 내용을 확인합니다.

4 옷을 갈아입고 시술하는 걸로
옷을 갈아입고 탕에 들어가서 몸을 따뜻하게 한 후에 시작합니다.

얼굴 팩이 포함되어 있나요?

Does it include the facial pack?
더즈 잇 인클루드 더 페이셜 팩?

몇 시에 예약이 가능한가요?

What time can I make an appointment?
왓 타임 캔 아이 메익 언 어포인먼트?

몇 시쯤 도착해야 하나요?

What time should I be there?
왓 타임 슈드 아이 비 데얼?

남자도 마사지를 받을 수 있을까요?

Can men get massages?
캔 맨 겟 마사지?

아로마 마사지는 처음이에요.

It is my first time to do aroma massage.
잇 이즈 마이 펄스트 타임 투 두 아로마 마사지

예약 취소나 변경

예약을 변경하고 싶습니다.

I'd like to change my appointment.
아이드 라익 투 체인지 마이 어포인먼트

4시에 예약했던 이유진입니다. 예약을 취소하고 싶습니다.

I'm Yujin Lee that made a four o'clock appointment, but I'd like to cancel it.
아임 유진 리 댓 메이드 어 포 어클락
어포인먼트 벗 아이드 라익 투 캔슬 잇

참고 P.158

도움이 되는 단어장 WORD

오늘	today 투데이	내일	tomorrow 투모로우	오후	p.m. 피엠
		모레	day after tomorrow 데이 애프터 투모로우	저녁	evening 이브닝
		오전	a.m. 에이엠	밤	night 나이트

스파나 마사지로 힐링을, 한 템포 쉬어가기

접수~시술

이유진으로 예약했어요.

I'm Yujin Lee , I have an appointment.
아임 유진 리 아이 해브 언 어포인먼트

예약을 하진 않았습니다만 2명 가능할까요?

We didn't make an appointment but can the two of us have a massage?
위 디든 메익 언 어포인먼트 벗 캔 더 투 오브 어스 해브 어 마사지?
참고 P.156

화장실을 써도 될까요?

May I use the restroom?
메이 아이 유즈 더 레스트룸?

탈의실은 어디입니까?

Where is the locker?
웨얼 이즈 더 라커?

옷은 어디에서 벗나요?

Where do I take off my clothes?
웨얼 두 아이 테익 오프 마이 클로스?

상담표와 해설

시술하기 전에 상담을 합니다. 상담할 때에는 당일의 몸 컨디션이나 받고 싶은 코스를 확인합니다. 임신중이거나 알레르기가 있는 경우에는 조심하도록 합니다.

가장 먼저 알려줍니다

생리중 입니다	**I have my period.** 아이 해브 마이 피리어드
어깨가 많이 뭉쳐있습니다	**I have a stiff shoulder.** 아이 해브 어 스티프 숄더
임신 중입니다	**I'm pregnant.** 아임 프레그넌트

알레르기
구체적으로 무엇에 어떤 반응이 있는지, 알레르기 반응이 생겼을 때 대처방안이나, 염증 부위를 전달해 둡니다.

피부 타입
자신의 피부 타입을 말해 둡니다. 아래 표를 참고하세요!

상담표

Name(이름) : _____

Birthday(생년월일) :
_____

Age(나이) : _____

Allergy(알레르기) :
　　　　Yes(유) / No(무)

Condition(몸 상태) :
　　Good(좋음) / Not Good(나쁨)

Skin(피부 타입) :
_____

Problem(문제) :
_____

도움이 되는 단어장 WORD

| 민감성 피부 | sensitive skin
센서티브 스킨 | 지성 피부 | oily skin
오일리 스킨 |
| 건성 피부 | dry skin
드라이 스킨 | 중성 피부 | normal skin
노멀 스킨 |

케어를 받으며 알아 두면 좋을 표현들

여기는 만지지 말아 주세요.	**Please don't touch here.** 플리즈 돈 터치 히얼
조금만 약하게 [세게] 해 주실 수 있습니까?	**Could you make it weaker[stronger]?** 쿠 쥬 메익 잇 위커 [스트롱거]?
좋아요.	**It feels good.** 잇 필스 굿
이 향은 무엇입니까?	**What is this scent?** 왓 이즈 디스 센트 ?
괜찮아요. / 아파요!	**It's OK. / Ouch!** 잇츠 오케이 / 아우취 !
휴식을 취하고 싶어요.	**I want to relax.** 아이 원트 투 릴렉스
몸이 조금 안 좋습니다.	**I feel a little sick.** 아이 필 어 리틀 씩
물 한 잔만 마실 수 있을까요?	**Could I have a glass of water?** 쿠드 아이 해브 어 글래스 오브 워터 ?

끝나고 나서 한마디

정말 좋았습니다.	**It was very good.** 잇 워즈 베리 굿
이 화장품들을 살 수 있나요?	**Can I buy these cosmetics?** 캔 아이 바이 디즈 코스메틱스 ?

LOOK

┌─────────────────────────┐
│ [   ] 하고 싶습니다. │
│ **I'd like to have** [   ]. │
│ 아이드 라익 투 헤브 [   ] │
└─────────────────────────┘

서비스
service
서비스

full body massage
풀 바디 마사지

● 【전신 마사지】

foot massage 풋 마사지 ● 【발 마사지】	**facial** 페이셜 ● 【얼굴】	**head spa** 헤드스파 ● 【두피 마사지】	**warm stone** 웜 스톤 ● 【웜스톤 마사지】
hand massage 핸드 마사지 ● 【손 마사지】	**thalassotherapy** 딸라소우떼라피 ● 【해수요법】	**phytotherapy** 파이토떼라피 ● 【식물요법】	**reflexology** 리플렉솔로지 ● 【반사요법】
aromatic massage 아로매틱 마사지 ● 【아로마 마사지】	**lymphatic massage** 림페틱 마사지 ● 【림프 마사지】	**vinotherapy** 비노테라피 ● 【와인 테라피】	**whitening** 화이트닝 ● 【미백】
detox 디톡스 ● 【해독】	**relax** 릴렉스 ● 【릴렉스】	**herbal compress** 허벌 컴프레스 ● 【약초 찜질】	**pore care** 포어 케어 ● 【모공 관리】
cleansing 클렌징 ● 【세정】	**peeling** 필링 ● 【각질제거】	**lifting** 리프팅 ● 【리프팅】	**steam care** 스팀 케어 ● 【스팀 케어】

도움이 되는 단어장 WORD

		피로	fatigue 퍼티그	로커	locker 라커
		스트레스	stress 스트레스	샤워	shower 샤워
날씬한	slim 슬림	혈액순환	circulation 서큘레이션	접수	reception 리셉션
결림	stiffness 스티프니스	혈액순환장애	poor circulation 푸어 서큘레이션	수건	towel 타올
부기	swelling 스웰링	탈의실	dressing room 드레싱 룸	슬리퍼	slippers 슬리퍼스
수면부족	lack of sleep 렉 오브 슬립	화장실	restroom 레스트룸	침대	bed 베드

하와이안 로미로미에서 몸도 마음도 힐링하세요.

세계에서 힐링 마사지로 가장 유명한 것 중에 하나가 로미로미입니다.
최고의 스파나 마사지를 받을 수 있는 로미로미로 몸뿐만 아니라 마음까지도
편해지는 힐링을 만날 수 있습니다.

하와이 로미로미란?

하와이안 로미로미는 하와이 전통 마사지를 말합니다. '로미'는 하와이 말로 주무르다 라는 뜻입니다. 고대 하와이 왕조에서는 카후나라고 하는 힘을 가진 사람들만 받을 수 있는 시술로 계승되어 왔습니다. 테라피스트는 손바닥의 부드러운 부분을 사용해서 몸 전체를 주무르면서 정신적 긴장감도 완화시켜 줍니다. 하와이에는 스파가 많이 있으니 꼭 체험해 보세요.

호텔 스파

고급스러운 시설로 럭셔리한 분위기에서 체험할 수 있다는 장점이 있습니다. 바다를 보면서 시술을 받을 수 있다면 그것만으로도 하와이의 정취를 맘껏 느낄 수 있을 것입니다.

지역 스파

잘한다고 소문나 있는 곳을 한번 찾아서 방문하는 것도 좋은 방법입니다. 소문만큼의 최상의 마사지를 느낄 수 있을 것입니다.

관광객이 많은 호놀룰루에서는 독자적인 시술을 개발하여, 다양한 서비스를 제공하는 스파가 많습니다.

스파 이용 방법

①예약과 상담은 필수!

예약은 필수. 예약 시에는 신용카드 번호가 필요합니다. 알레르기가 있다면 사전에 미리 알려 둡시다. 여성 마사지사를 원한다면 이 또한 미리 말해 둡시다.

②팁 주는 방법

팁은 요금의 15~20%가 적당합니다. 신용 카드로 지불하는 경우, 팁 금액을 더 적어서 사인하면 됩니다. 이는 기본 매너이니 잊지 마세요.

③시간에 맞게 도착합니다

예약 시간에 늦으면 그만큼 시술 시간이 짧아집니다. 20~30분 전에는 도착하도록 합니다. 잃어버릴 수도 있으니 가져가는 물건은 최소한으로 합니다.

④다른 주의사항

취소할 때는 가능한 한 빨리 연락합니다. 예약 시에 취소규정을 확인해 둡시다. 또 시술 8~12시간 전에는 음주를 피합니다.

네일 숍도 방문해 보세요.

모처럼이니까 네일로 분위기를 바꿔 봅니다.

Gorgeous!

바다같은 색깔도
추천!

Cool!

Cute!

**리조트에서 네일아트도
할 수 있어요**

하와이 느낌이 나는 스톤이나 모양으로 네일아트를 해 보세요. 화려한 느낌의 네일도 모처럼 시도해 보면서 기분 전환해 보세요.

먼저 예약합시다

네일을 예약하고 싶어요.

I'd like to make a nail appointment.
아이드 라익 투 메익 커 네일 어포인먼트

어떤 코스가 있습니까?

What kind of packages do you have?
왓 카인드 어브 패키지즈 두 유 해브?

**젤네일을
받고 싶어요.**

I'd like to have gel nails done.
아이드 라익 투 해브 젤 네일스 던

**젤 네일 제거도 하고
싶어요.**

I'd like to have my gel nails removed, too.
아이드 라익 투 해브 마이 젤 네일스 리무브드 투

네일아트를 고를 때

**손톱과 발톱 다 부탁
드려요.**

I'd like a manicure and pedicure.
아이드 라익 어 매니큐어 앤 패디큐어

**디자인 샘플을 볼 수
있을까요?**

Could I see the design samples?
쿠드 아이 씨 더 디자인 샘플스?

**색 종류를 보여주시겠
어요?**

Could I see the color variations?
쿠드 아이 씨 더 컬러 배리에이션스?

98

이 디자인[색]으로 부탁드려요.	**This design[color], please.** 디스 디자인 [컬러] 플리즈
손톱을 짧게 만들지 말아주세요.	**Don't make the nails shorter.** 돈 메이크 더 네일스 쇼터
손톱을 짧게 잘라 주세요.	**Cut my nails short, please.** 컷 마이 네일스 쇼트 플리즈
손톱을 둥글게 다듬어 주시겠어요?	**Could you round my nails out?** 쿠 쥬 라운드 마이 네일스 아웃?
제 손톱이 약하니 조심해 주세요.	**Please be careful because my nails are fragile.** 플리즈 비 케어풀 비커즈 마이 네일스 알 프레절
이 손톱에 큐빅을 사용해 주시겠어요?	**Could you apply rhinestones to this nail?** 쿠 쥬 어플라이 라인스톤스 투 디스 네일?
이 손톱을 다시 해 주실 수 있나요?	**Could you do this nail again?** 쿠 쥬 두 디스 네일 어게인?
매니큐어가 마르는 데 얼마나 걸릴까요?	**How long does it take for the manicure to dry?** 하우 롱 더즈 잇 테익 포 더 매니큐어 투 드라이?

도움이 되는 단어장 WORD

매니큐어	manicure 매니큐어	그러데이션	gradation 그라데이션	타원형의	oval 오벌
패디큐어	pedicure 패디큐어	라인	line 라인	포인트	point 포인트
젤 네일	gel nail 젤 네일	반짝이	glitter 글리터	큐티클케어	cuticle care 큐티클 케어
네일아트	nail art 네일 아트	큐빅	rhinestone 라인스톤	각질제거	horny removal 호니 리무벌
프렌치네일	french 프렌치	네일피어스	nail pierce 네일 피어스	마사지	massage 마사지
		파일링 (손톱정형)	filing 파일링	파라핀 팩	paraffin pack 파라핀 팩
		네모	square 스퀘어	족욕	foot bath 풋 배스

99

아로마 향을 한국에서도 느끼고 싶어요.

유럽이나 미국에는 오가닉 아로마 상품이 많습니다.
좋아하는 향을 찾았다면 꼭 사오는 것을 추천드립니다.

허브
herb
허브

산뜻한
refreshing
리프레싱

스피어민트	spearmint 스피어민트
바질	basil 베이질
페퍼민트	peppermint 페퍼민트
로즈메리	rosemary 로즈메리

아로마 종류

수백 가지 종류가
있는 아로마이지만,
추출한 향에 따라
그룹을 나눌 수 있
습니다.

스파이스계
spice
스파이스

자극적
stimulating
스티뮬레이팅

고수	coriander 코어리앤더
계피	cinnamon 시네먼
생강	ginger 진저
월계수	laurel 로럴

플로럴계
floral
플로럴

달콤한
sweet
스윗

캐모마일	camomile 캐모마일	라벤더	lavender 라벤더
재스민	jasmine 재스민	장미	rose 로즈
제라늄	geranium 저레이넘	일랑일랑	ylang-ylang / ilang-ilang 일랑일랑

시트러스계
citrus
시트러스

산뜻한
fresh
프레시

자몽	grapefruit 그레이프프룻
스위트 오렌지	sweet orange 스윗 어린지
베르가모트	bergamot 버거못
귤	mandarin 만다린
레몬그라스	lemongrass 레몬그라스

어떻게 골라야 할까요?
먼저 자신이 좋아하는
향기가 있는지, 효능이
나 사용 방법은 어떠
한지 등을 점원과 상
담한 후에 찾는 것도
한 방법입니다.

수목계
forest
포레스트

상쾌한
clear
클리어

샌달우드	sandalwood 샌달우드
시더우드	cedar wood 시더우드
티트리	tea tree 티트리
유칼립투스	eucalyptus 유칼립투스
로즈우드	rose wood 로즈우드

☐ 에 좋은 아로마 향이 뭔가요?

Which aroma is good for ☐ **?** 위치 아로마 이즈 굿 포 ☐

짜증	irritation 이리테이션	변비	constipation 컨스터페이션	생리통	period pains 피리어드 페인즈
스트레스	stress 스트레스	얼룩,반점	blotch 블라치	불면증	insomnia 인섬니아
집중력	concentration 컨센트레이션	혈액순환 불량	poor blood circulation 푸어 블러드 서큘레이션		
졸음	sleepiness 슬리피니스	두통	headache 헤드에익		
눈의 피로	eyestrain 아이스트레인	다이어트	diet 다이어트		

아로마의 본고장인 영국에는 아로마 마사지 트리트먼트도 있습니다. 하루의 피로를 풀기 위해 한 번쯤 시도해 보는 것도 추천합니다.

마음에 드는 향을 찾아봅시다

좀 더 산뜻한 [신선한] 향이 있나요?	Do you have one with more fresh [refreshing] scent? 두 유 해브 원 윗 모어 프레시 [리프레싱] 센트?
이것은 유기농입니까?	Is it organic? 이즈 잇 오가닉?
이 향으로 할게요.	I'll have this scent! 아일 해브 디스 센트
이 가게만의 자체 상품이 있나요?	Do you have an original item? 두 유 해브 언 오리지널 아이템?

아로마 상품과 관련된 단어 WORD

디퓨저	diffuser 디퓨저	냄비	pot 팟	병	bottle 바틀
양초	candle 캔들	오일	oil 오일	스프레이	spray 스프레이
향	incense 인센스	샴푸	shampoo 샴푸	민감성	sensitive skin 센서티브 스킨
목욕소금	bath salt 배쓰 솔트	비누	soap 솝	무첨가제	additive-free 에디티브 프리
		트리트먼트	treatment 트릿먼트	(향이) 품위있는	elegant 엘러건트
		모음	assortment 어소어먼트	(향이) 이국적인	exotic 이그저틱

공연이나 엔터테인먼트를 관람하고 싶어요.

여행의 묘미 중 하나는 현지에서만 볼 수 있는 엔터테인먼트를 관람하는 것입니다.
자, 티켓을 예약해서 극장으로 가 봅시다.

예약~공연장에서

어떤 프로그램이 상연 중인가요?	**What program is on?** 왓 프로그램 이즈 온?
셰익스피어 연극은 어디서 볼 수 있나요?	**Where can I see Shakespeare plays?** 웨얼 캔 아이 씨 셰익스피어 플레이즈?
어떤 것이 인기 있나요?	**Which one is popular?** 위치 원 이즈 파퓰럴?
누가 연기하나요?	**Who is performing?** 후 이즈 퍼포밍?
성인 티켓 2장이요.	**Two adult tickets, please.** 투 어덜트 티켓츠 플리즈 참고 P.156
이 자리 가능한가요?	**Is this seat available?** 이즈 디스 씻 어베일러블?
당일 티켓 있나요?	**Do you have walk-up tickets?** 두 유 해브 워크업 티켓츠?
언제 시작하나요?	**What time does it start?** 왓 타임 더즈 잇 스타트
어느 자리가 가장 저렴한가요[비싼가요]?	**Which seat is the cheapest[most expensive]?** 위치 씻 이즈 더 취피스트 [모스트 익스펜시브]
공연이 언제 끝나나요?	**What time does it end?** 왓 타임 더즈 잇 엔드?

브라보!
Bravo!!
브라보

런던 또는 뉴욕에서 공연을!?

런던에서는 매일같이 오페라나 발레 공연이 열려 한 국보다 가벼운 마음으로 극장에 갈 수 있다는 장점 이 있습니다. 뉴욕의 브로드웨이도 빠질 수 없겠죠.

극장의 구조

특별석
stalls
스톨스

6층 중앙 박스석
6th floor center box seat
식쓰 플로어 센터 박스 씻

5층 사이드 박스석
5th floor side box seat
피프쓰 플로어 사이드 박스 씻

최상층 관람석
amphitheatre
앰피시어터

4층 중앙 박스석
4th floor center box seat
폴쓰 플로어 센터 박스 씻

4층 사이드 박스석
4th floor side box seat
폴스 플로어 사이드 박스 씻

3층 사이드 박스석
3rd floor side box seat
써드 플로어 사이드 박스 씻

2층 사이드 박스석
2nd floor side box seat
세컨드 플로어 사이드 박스 씻

3층 중앙 박스석
3rd floor center box seat
써드 플로어 센터 박스 씻

1층 특별석
dress circle
드레스 서클

발코니석
balcony
발코니

2층 중앙 박스석
2nd floor center box seat
세컨드 플로어 센터 박스 씻

오케스트라석
orchestra pit
오케스트라 핏

도움이 되는 단어장
WORD

		무용	dance 댄스		좌석표	seating chart 시팅 차트
		뮤지컬	musical 뮤지컬		프로그램	program 프로그램
오페라	opera 오페라	예매권	advance ticket 어드벤스 티켓		팸플릿	brochure 브로슈어
연극	drama 드라마	당일권	walk-up ticket 워크 업 티켓		입구	entrance 엔터런스
발레	ballet 발레	좌석	seat 씻		출구	exit 엑싯

공연이나 엔터테인먼트를 관람하고 싶어요.

여기서 티켓 예매를 할 수 있나요?	**Can I make a ticket reservation here?** 캔 아이 메이크 어 티켓 레져베이션 히얼?
오페라 [발레] 공연이 보고 싶어요.	**I'd like to see an opera[a ballet].** 아이드 라익 투 씨 언 오페라 [어 발레]
아직 티켓을 구매할 수 있나요?	**Can I still get a ticket?** 캔 아이 스틸 겟 어 티켓?
따로 앉아도 괜찮아요.	**We can sit separately.** 위 캔 싯 세퍼럿리
좌석표를 볼 수 있을까요?	**Can I see the seating plan?** 캔 아이 씨 더 싯팅 플랜?
(티켓을 보여주며) 자리를 안내해주실 수 있나요?	**Could you take me to my seat?** 쿠 쥬 테익 미 투 마이 싯?
택시를 불러 주실 수 있나요?	**Could you call a taxi?** 쿠 쥬 콜 어 택시?

재즈바나 클럽에서

저는 예매하지 않았어요.	**I don't have a reservation.** 아이 돈 해브 어 레절베이션
자리가 있나요?	**Can we get a table?** 캔 위 겟 어 테이블?
공연이 언제 시작되나요?	**When does the show start?** 웬 더즈 더 쇼 스타트?

바도 금연입니다.
미국에서는 많은 주가 공공건물 내에서
흡연을 금지하고 있어, 레스토랑이나 바도
금연인 경우가 많으니 주의하세요.

메뉴판 좀 주실 수 있을까요?	**Can I have a menu, please?** 캔 아이 해브 어 메뉴 플리즈?
하나 더 주시겠어요?	**Can I have another one, please?** 캔 아이 해브 어너덜 원 플리즈?
언제 문을 여나요?	**What time do you open?** 와 타임 두 유 오픈?
입장료가 얼마인가요?	**How much is the admission?** 하우 머치 이즈 디 애드미션?
예약이 필요한가요?	**Do I need a reservation?** 두 아이 니드 어 레절베이션?
라이브 공연이 있나요?	**Do you have live performances?** 두 유 헤브 라이브 퍼포먼스?
어떤 종류의 음악이 나오나요?	**What kind of music is on today?** 왓 카인드 오브 뮤직 이즈 온 투데이?

도움이 되는 단어장
WORD

바	bar 바	라이브 뮤직 하우스	a place with live music 어플레이스윗라이브뮤직	스카치	scotch 스카치
나이트 클럽	night club 나이트 클럽	카바레	cabaret 캐버레	버번	bourbon 버번
		공연 요금	music charge 뮤직 차지	칵테일	cocktail 칵테일
디스코	disco 디스코	자릿세	cover charge 커버 차지	맥주	beer 비어
		위스키	whisky 위스키	콜라	coke 코크

참고 P.76

공연이나 엔터테인먼트를 관람하고 싶어요.

저는 <u>이진영</u>입니다. 웹으로 예약했어요.	**I'm Jinyoung Lee. I made a reservation on the web.** 아임 진영 리 아이 메이드 어 레절베이션 온 더 웹
무대 가까이에 앉고 싶어요.	**I'd like to sit near the stage.** 아이드 라익 투 싯 니얼 더 스테이지
식사 없이 공연만 관람하고 싶어요.	**I'd like to see the show only, with no meals.** 아이드 라익 투 씨 더 쇼 온리 윗 노 밀스
오늘 누가 공연하나요?	**Who is performing today?** 후 이즈 퍼포밍 투데이?
공연 요금 [최소 요금] 이 얼마인가요?	**How much is the music[minimum] charge?** 하우 머취 이즈 더 뮤직 [미니멈] 차아지?
다음 공연은 몇 시에 시작하나요?	**What time does the next show begin?** 왓 타임 더즈 더 넥스트 쇼 비긴?

도움이 되는 단어장 WORD

극장 식당	theater restaurant 씨어터 레스토랑	연주	performance 퍼포먼스
댄스 홀	dance hall 댄스 홀	재즈	jazz 재즈
재즈 클럽	jazz club 재즈 클럽	쇼	show 쇼	신분증	ID card 아이디 카드

원포인트 재즈 클럽에 가 보아요!

미국은 재즈의 본고장입니다. 뉴욕에서는 매일 밤, 여러 클럽에서 쇼가 열립니다. 뉴욕에 가게 되면, 한 번쯤은 방문해 볼 만한 곳이 재즈 클럽입니다. 기본 매너를 알아두고 갑시다.

> 생생한 재즈 연주 는 최고에요!

1.라이브 시간
평일은 통상 2회, 오후 8시에서 9시 정도에 시작합니다. 주말 은 심야에 하는 경우도 있습니다. 가게에 따라서는 일요일에 브런치 라이브가 있는 경우도 있습니다.

2.예약해야 되나요?
스케줄은 웹사이트에서 확인합시다. 인기있는 아티스트가 출연하는 경우에는 예약이 필요합니다.

기본 회화
관광
쇼핑
맛집
뷰티
엔터테인먼트
호텔
교통수단
기본 정보
단어장

어떤 바를 추천하시나요?
Which bar do you recommend?
위치 바 두 유 레코멘드?

COD(cash on delivery)는 무엇인가요?
손님이 스스로 카운터에 가서 주문하고, 주문한 음식이나 음료를 받을 때 돈을 지불하는 방식으로, 유럽이나 미국의 바에서는 종종 볼 수 있습니다.

(테이블석에서)
계산해 주세요.
Check, please.
체크 플리즈

영국에서는
Bill, please.
빌 플리즈
라고 말합니다.

맡긴 코트를 찾고
싶어요.
I'd like to have my coat back.
아이드 라익 투 해브 마이 코트 백

저 뮤지션의 CD를
가지고 있나요?
Do you have a CD of that musician?
두 유 해브 어 씨디 오브 댓 뮤지션?

카지노에서

환전소는 어디입니까?
Where is the money exchange?
웨얼 이즈 더 머니 익스체인지?

제 돈을 환전할 수
있을까요?
Can I exchange my money?
캔 아이 익스체인지 마이 머니?

플레이어스 클럽에
가입하고 싶어요.
I'd like to join the player's club.
아이드 라익 투 조인 더 플레이어스 클럽

이겼다! / 졌다.
I won! / I lost.
아이 원! / 아이 로스트

도움이 되는 단어장 WORD

판돈/내기	bet 뱃	최소 베팅	minimun bet 미니멈 벳
		짝수	even number 이븐 넘버
		홀수	odd number 오드 넘버
카지노 전용 코인	chip 칩		
베팅률	odds 오즈		
(슬롯머신) 잭팟	jackpot 잭팟		

스포츠 경기도 빼놓을 수 없죠!

한국에서 TV로 볼 수 있는 경기라고 해도, 여행지에서 직접
관람하는 것은 또 다른 의미가 있겠죠. 현지 팬들과 함께
경기 분위기를 즐겨 보세요.

티켓을 구매할 때

오늘 메이저 리그[프리미 어리그] 경기가 있나요?
Is there a Major League[Premier League] game today?
이즈 데얼 어 메이저 리그 [프리미어 리그] 게임 투데이 ?

어떤 팀이 출전하나요?
Which teams are playing?
위치 팀즈 알 플레잉 ?

어느 경기장인가요?
Which stadium is it?
위치 스테디움 이즈 잇 ?

몇시에 시작하나요 [마치나요]?
What time does it begin[end]?
왓 타임 더즈 잇 비긴 [엔드]?

오늘 티켓이 있나요?
Do you have tickets for today?
두 유 해브 티켓츠 포 투데이 ?

예약할 수 있을까요?
Can I make a reservation?
캔 아이 메익 어 레절베이션 ?

15일 티켓은 아직 있나요?
Do you still have tickets for the 15 th?
두 유 스틸 해브 티켓츠 포 더 피프틴쓰 ?
참고 P.156

티켓 2장을 사고 싶어요.
I'd like two tickets.
아이드 라익 투 티킷츠
참고 P.156

1루 측 내야석으로 주세요.
I'd like seats on the first base line.
아이드 라익 싯츠 온 더 펄스트 베이스 라인
참고 P.156

이 구역 자리를 나란히 2장 주세요.
Can I have two seats side by side in this area?
캔 아이 해브 투 싯츠 사이드 바이 사이드 인 디스 에리아 ?
참고 P.156

요금은 어디에서 지불해야 하나요?	**Where do I pay for the tickets?**
	웨얼 두 아이 페이 포 더 티켓츠?

어떻게 가면 되나요?	**How do I get there?**
	하우 두 아이 겟 데얼?

이 좌석은 어디인가요?	**Where is this seat?**
	웨얼 이즈 디스 씻?

이 자리는 비어 있나요?	**Is this seat taken?**
	이즈 디스 씻 테이큰?

Is this seat taken?은 정확히 이야기하자면, "이 자리는 누군가가 차지한 자리인가요?"의 의미로, 공석이 아니라면 "yes"라고 대답이 돌아올 것이니 주의하세요.

가장 가까운 화장실이 어디인가요?	**Where is the nearest restroom?**
	웨얼 이즈 더 니어리스트 레스트룸?

매점은 어디인가요?	**Where is the concession stand?**
	웨얼 이즈 더 컨세션 스탠드?

굿즈는 어디서 살 수 있나요?	**Where can I buy some merchandise?**
	웨얼 캔 아이 바이 썸 멀천다이즈?

이 유니폼은 얼마인가요?	**How much is this uniform?**
	하우 머치 이즈 디스 유니폼?

핫도그 두 개랑 콜라 두 개 주세요.	**Can I have two hot dogs and two cokes?**
	캔 아이 해브 투 핫 독스 앤 투 콕스?
	참고 P.156 참고 P.76

어느 쪽이 이기고 있나요?	**Who's ahead?**
	후즈 어헤드?

저 선수의 이름은 무엇인가요?	**What is the name of that player?**
	왓 이즈 더 네임 오브 댓 플레이어?

아주 좋은 시합이었어요.	**It was a very nice game.**
	잇 워즈 어 베리 나이스 게임

LOOK

☐ 에 가고 싶습니다.
I want to go to ☐ .
아이 원 투 고 투 ☐

theater
극장
씨어터

Shakespeare's Globe
셰익스피어 글로브

● 【셰익스피어 글로브 극장】

National Theatre
네셔널 씨어터

● 【영국 국립 극장】

Cambridge Theatre
케임브리지 씨어터
● 【케임브리지 극장】

Royal Opera House
로열 오페라 하우스
● 【로열 오페라 하우스】

Majestic Theatre
마제스틱 씨어터
● 【마제스틱 극장】

Metropolitan Opera
메트로폴리탄 오페라
● 【메트로폴리탄 오페라】

Royal Albert Hall
로열 앨버트 홀

● 【로열 앨버트 홀】

Royal Festival Hall
로열 페스티벌 홀
● 【로열 페스티벌 홀】

Avery Fisher Hall
에이브리 피셔 홀
● 【에이브리피셔홀】

Her Majesty's Theatre
헐 메져스티스 씨어터

● 【여왕 폐하의 극장】

Prince of Wales Theatre
프린스 오브 웨일스 씨어터

● 【프린스 오브 웨일스 극장】

Barbican Centre
바비칸 센터
● 【바비칸 센터】

City Center Theater
시티 센터 씨어터
● 【시티센터극장】

Lyceum Theatre
라이시엄 씨어터
● 【라이시엄 극장】

Minskoff Theatre
민스코프 씨어터
● 【민스코프 극장】

club
클럽
클럽

Brixton Academy
브릭스턴 아카데미

● 【브릭스톤 아카데미】

Regent's Park Open Air Theatre
리젠트 파크 오픈 에어 씨어터
● 【리젠트파크 야외 극장】

Koko
코코

● 【코코】

멋진 쇼였어요!
It was a great show.
잇 워즈 어 그레잇 쇼

Barfly
바플라이
● 【바플라이】

Blue Note
블루 노트
● 【블루노트】

Village Vanguard
빌리지 뱅가드
● 【빌리지 뱅가드】

Apollo Theater
아폴로 씨어터
● 【아폴로 극장】

ballpark
야구장
야구장

Angel Stadium of Anaheim
엔인절 스테디움 오브 애너하임
● 【에인절 스타디움】

Dodger Stadium
다저 스테디움
● 【다저 스타디움】

Yankee Stadium
양키 스테디움
● 【양키 스타디움】

Citi Field
시티 필드
● 【시티 필드】

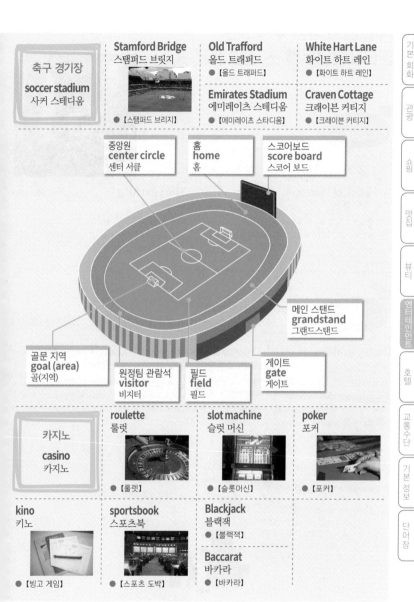

축구 경기장

soccer stadium
사커 스테디움

Stamford Bridge
스탬퍼드 브릿지
● 【스탬퍼드 브리지】

Old Trafford
올드 트래퍼드
● 【올드 트래퍼드】

White Hart Lane
화이트 하트 레인
● 【화이트 하트 레인】

Emirates Stadium
에미레이츠 스테디움
● 【에미레이츠 스타디움】

Craven Cottage
크래이븐 커티지
● 【크래이븐 커티지】

중앙원
center circle
센터 서클

홈
home
홈

스코어보드
score board
스코어 보드

메인 스탠드
grandstand
그랜드스탠드

골문 지역
goal (area)
골(지역)

원정팀 관람석
visitor
비지터

필드
field
필드

게이트
gate
게이트

카지노

casino
카지노

roulette
룰렛
● 【룰렛】

slot machine
슬럿 머신
● 【슬롯머신】

poker
포커
● 【포커】

kino
키노
● 【빙고 게임】

sportsbook
스포츠북
● 【스포츠 도박】

Blackjack
블랙잭
● 【블랙잭】

Baccarat
바카라
● 【바카라】

기본 회화
관광
쇼핑
맛집
뷰티
엔터테인먼트
호텔
교통수단
기본정보
단어장

111

각 나라의 가장 추천하는
엔터테인먼트를 소개합니다.

미국
뉴욕

뉴욕에 오면 절대 빼놓을 수 없는 것이 브로드웨이 뮤지컬입니다. 매년 여러 편의 새로운 작품이 개봉됩니다.

The Book of Mormon
더 북 오브 몰몬

2011년의 토니상을 9부문에서 수상했습니다. 젊은 선교사 2명의 고군분투를 그리는 포복절도 희극입니다.

The Lion King
더 라이언 킹

디즈니 영화를 무대화 한 뮤지컬입니다. 아기 사자 심바가 왕이 되어가는 성장 이야기입니다. 너무나 유명한 뮤지컬이므로 기회가 된다면 꼭 관람해 보세요.

미국
서부

LA는 테마파크의 본고장입니다. 월등한 스케일의 비현실적인 판타지 세계를 즐겨 보세요.

Disneyland Resort
디즈니랜드 리조트

LA 옆, 오렌지 카운티에 있는 세계 최초로 만들어진 디즈니 테마파크입니다. 디즈니 직영 호텔도 있어서 리조트를 즐길 수도 있습니다.

Universal Studios Hollywood
유니버설 스튜디오 할리우드

영화의 거리 할리우드 북쪽에 있는 테마파크입니다. 영화의 최신 영상 기술과 특수효과를 구사한 쇼도 즐기고, 놀이기구도 즐길 수 있습니다.

Knott's Berry Farm
넛츠 베리 팜

미국 최초의 테마파크로, 미국 중서부의 거리를 재현한 고스트 타운과 캠프 스누피 등은 가족끼리 즐기기에 매우 적합합니다.

하와이에서는 훌라쇼를 체험해 봅시다

하와이에서는 훌라를 꼭 체험해 보세요. 호텔 내 비치 사이드의 레스토랑 등에서 훌라 쇼를 쉽게 접할 수 있습니다. 쿠히오 비치에서는 무료 훌라쇼도 열립니다. 하와이안 문화를 더 깊이 체험하고 싶다면 '폴리네시아 문화센터'를 방문하는 것도 좋은 방법입니다.

in 영국

뉴욕의 브로드웨이와 함께 뮤지컬의 본고장인 런던 웨스트 엔드에는 많은 극장이 있습니다. 유명한 축구 선수들이 있는 프리미어 리그를 관람하고, 현지 팬들과 현지 응원 분위기를 만끽하는 것도 또 다른 추억이 되겠죠.

Royal Opera House
로열 오페라 하우스

300년의 역사와 전통을 가진 오페라 극장입니다. 오페라 뿐만 아니라 오케스트라, 발레 등의 공연도 열립니다.

Shakespeare's Globe
셰익스피어스 글로브

셰익스피어 글로브 극장은 셰익스피어가 활약했던 16세기 극장을 충실히 복원한 야외 원형 극장입니다.

The London Dungeon
더 런던 던전

영국에서 일어난 실제 사건들을 주제로 하는 공포 체험 공간입니다.

축구를 좋아한다면

Premier League
프리미어 리그

세계적 클래스의 축구 선수들이 모여 있습니다. 인기도 유럽에서 제일 입니다.

프리미어 리그를 보려면

티켓은 각 클럽에서 경기 몇 주 전부터 멤버들이 우선으로 판매됩니다. 일반인 판매는 약 2주 후부터 가능하고, 사이트나 전화로 신청해야 합니다. 구입시에는 신용카드가 필요합니다.

> 맨체스터 유나이티드, 아스널, 첼시, 리버풀 등이 있습니다.

in 호주

호주하면 대자연 속에서 즐기는 액티비티가 떠오르지만, 그 외에도 다양한 엔터테인먼트가 있답니다.

Sea World
씨월드 골드코스트

수족관과 놀이공원을 합친 듯한 바다 테마파크입니다.

Crown Entertainment Complex
크라운 엔터테인먼트 컴플렉스 멜버른

호텔과 스파, 레스토랑, 브랜드숍 등이 있는 복합시설입니다. 남반구 최대의 카지노로 알려져 있습니다.

Cairns Tropical Zoo
케언즈 트로피컬 주 케언즈

쇼가 많아 인기 있는 동물 테마파크입니다. 밤에 체험할 수 있는 나이트 주도 추천합니다.

Sydney Opera House
시드니 오페라 하우스 시드니

시드니의 랜드마크로 연극과 오페라 등 다양한 프로그램들이 있습니다.

호텔에서 쾌적하게 지내고 싶어요.

알찬 여행을 즐기기 위해서는 호텔에서의 시간도 중요하죠.
호텔에 머무는 동안 자주 사용하는 문장을 모았습니다.

도착이 늦어질 것 같을 때

| 도착이 늦어집니다만,
예약은 유지해 주세요. | **I'll be arriving late, but please hold the reservation.**
아일 비 어라이빙 레잇 벗 플리즈 홀드 더 레절베이션 |

체크인을 해 봅시다

실례합니다. 리셉션이 어디인가요?	**Excuse me, where is the reception desk?** 익스큐즈 미 웨얼 이즈 더 리셉션 데스크?
체크인을 하고 싶어요.	**I'd like to check in.** 아이드 라익 투 체크 인
예약했습니다.	**I have a reservation.** 아이 해브 어 레절베이션
트윈룸 (침대가 2개) 맞죠?	**It's a twin room, isn't it?** 잇츠 어 트윈 룸 이즌 잇?
한국어를 하실 수 있는 분이 있나요?	**Is there anyone who speaks Korean?** 이즈 데얼 애니원 후 스픽스 코리안?
귀중품을 맡아 주시 겠어요?	**Could you store my valuables?** 쿠 쥬 스토어 마이 벨류어블즈?
체크아웃 시간이 몇 시인가요?	**When is the check out time?** 웬 이즈 더 체크아웃 타임?
이른 [늦은] 체크아웃 이 가능할까요?	**Is it possible to get early[late] check out?** 이즈 잇 파서블 투 겟 얼리 [레잇] 체크 아웃

여기 근처에 좋은 레스토랑이 있나요?

Are there any good restaurants near here?
얼 데얼 애니 굿 레스토런츠 니얼 히얼?

호텔은 이렇게 되어 있습니다.

룸서비스
room service
룸서비스

객실에서 전화로 주문을 받아 음식이나 음료수를 제공하는 서비스

로비
lobby
로비

현관이나 프런트 근처에 있어 손님들이 자유롭게 이용할 수 있는 공간

콘시어지
concierge
컨시어지

호텔에서 손님에게 제공하는 모든 서비스의 처리를 담당한다.

포터
porter
포터

호텔에 도착한 차에서 투숙객의 짐을 프론트까지 운반한다.

프런트
reception
리셉션

체크인, 체크아웃이나 정산, 환전, 메시지 전달, 귀중품 보관 등을 한다.

벨보이
bell boy
벨 보이

투숙객의 짐을 운반하고 손님을 객실로 안내한다. 호텔에 따라서는 포터 업무도 같이 한다.

클로크
cloak
클록

투숙객의 짐을 맡는다. 체크인 전이나 체크아웃 후에도 이용할 수 있다.

객실로 안내해 드리겠습니다.
I'll show you to your room.
아일 쇼 유 투 유얼 룸

짐을 들어 드리겠습니다.
I'll take your luggage.
아일 테익 유얼 러기지

엘리베이터는 이쪽입니다.
The elevator is over here.
디 엘리베이터 이즈 오벌 히얼

안녕하세요
Hello.
헬로

호텔에서 쾌적하게 지내고 싶어요.

방 안에서

샤워기 사용법을 알려 주실 수 있나요?
Could you show me how to use this shower?
쿠 쥬 쇼 미 하우 투 유즈 디스 샤워?

들어오세요. / 잠시만 기다려 주세요.
Come in. / Just a moment, please.
컴 인 / 저스트 어 모먼트 플리즈

415호입니다.
This is Room 415.
디스 이즈 룸 포원파이브
참고 P.156

내일 아침 여섯시에 모닝콜 부탁드려요.
Please wake me up at six tomorrow morning.
플리즈 웨익 미 업 엣 식스 트모로우 모닝
참고 P.156

알겠습니다.
Sure.
슈얼

새 목욕 수건을 가져다 주세요.
Please bring me a new bath towel.
플리즈 브링 미 어 뉴 베스 타올

최대한 빨리 부탁드려요.
As soon as possible, please.
에즈 순 에즈 파서블 플리즈

룸서비스 부탁드려요.
Room service, please.
룸 서비스 플리즈

피자 하나와 커피 한 잔 부탁드립니다.
I'd like a pizza and a coffee.
아이드 라익 어 핏자 앤 어 커피

얼음과 물 좀 부탁드립니다.
Please bring me some ice and water.
플리즈 브링 미 썸 아이스 앤 워터

콘센트가 어디에 있는지 알려 주시겠어요?
Could you tell me where the outlet is?
쿠 쥬 텔 미 웨얼 더 아울렛 이즈?

호텔 매너를 알아 둡시다

1 체크인부터 체크아웃까지
도착이 늦어지거나 외출했다가 밤 늦게 돌아오게 될 경우 반드시 사전에 연락하자.

2 귀중품 관리
객실에서 발생하는 도난은 호텔이 책임지지 않는다. 외출 시에는 반드시 귀중품을 가지고 다니거나 프런트에 맡기자.

3 팁에 대해서
침대 정리나 짐 운반을 해 주었을 때에는 1~2$(£)가 적당하다.

기본 회화

관광

쇼핑

맛집

뷰티

엔터테인먼트

호텔

교통수단

기본 정보

단어장

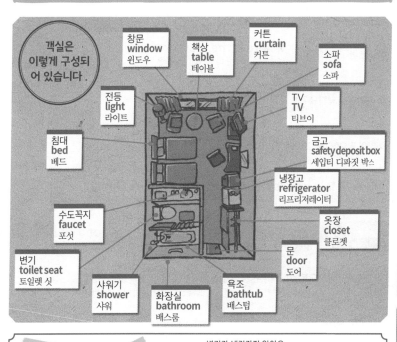

객실은 이렇게 구성되어 있습니다.

창문 window 윈도우

책상 table 테이블

커튼 curtain 커튼

소파 sofa 소파

전등 light 라이트

TV TV 티브이

침대 bed 베드

금고 safety deposit box 세입티 디파짓 박스

냉장고 refrigerator 리프리저레이터

수도꼭지 faucet 포셋

옷장 closet 클로젯

변기 toilet seat 토일렛 싯

문 door 도어

샤워기 shower 샤워

화장실 bathroom 배스룸

욕조 bathtub 배스텁

곤란한 일이 생겼을 때 바로 사용하는 표현

TV가 작동하지 않아요.
The TV is not working.
더 티브이 이즈 낫 월킹

방을 바꿔 주세요.
Please change the room.
플리즈 체인지 더 룸

따뜻한 물이 안 나와요.
The hot water isn't running.
더 핫 워터 이즌 러닝

변기가 내려가지 않아요.
The toilet doesn't flush.
더 토일렛 더즌 플러쉬

전등에 불이 들어오지 않습니다.
The light isn't working.
더 라이트 이즌 월킹

문이 잠겨 들어갈 수가 없어요.
I'm locked out.
아임 락드 아웃

누군가를 바로 보내 주실 수 있나요?
Could you send someone up now?
쿠 쥬 샌드 썸원 업 나우?

호텔에서 쾌적하게 지내고 싶어요.

호텔 시설 및 서비스

원화를 달러로
환전하고 싶어요.
I'd like to exchange money from won to dollars.
아이드 라익 투 익스체인지 머니 프롬 원 투 달러스

식당이 어디인가요?
Where is the restaurant?
웨얼 이즈 더 레스토랑 ?

몇 시에 문을 닫나요?
What time does it close?
왓 타임 더즈 잇 클로즈 ?

예약이 필요한가요?
Do I need a reservation?
두 아이 니드 어 레절베이션 ?

아침 식사를 할
식당이 있나요?
Is there a cafeteria for breakfast?
이즈 데얼 어 카페테리아 포 브렉퍼스트 ?

잠시 이 가방을
맡아 주실 수 있나요?
Could you store this baggage for a while?
쿠 쥬 스토어 디스 배기지 포 러 와일 ?

이 편지를 항공편으로
부쳐주세요.
Please send this letter by air mail.
플리즈 샌드 디스 레터 바이 에어 메일

한국으로 팩스를
보내고 싶어요
I'd like to send a fax to Korea.
아이드 라익 투 샌드 어 팩스 투 코리아

호텔의 인터넷을 이용
할 수 있을까요?
Can I access the Internet in this hotel?
캔 아이 엑세스 디 인터넷 인 디스 호텔 ?

참고 P.144

가격이 얼마인가요?
How much does it cost?
하우 머치 더즈 잇 코스트 ?

공항으로 가는 버스가
있나요?
Is there a bus that goes to the airport?
이즈 데얼 어 버스 댓 고즈 투 디 에어포트 ?

금고를 어떻게 사용하는지 설명해주실 수 있나요?
Could you tell me how to use the safety deposit box?
쿠 쥬 텔 미 하우 투 유즈 더 세입티 디파짓 박스?

제 앞으로 남겨진 메시지가 있나요?
Are there any messages for me?
얼 데얼 애니 메세지 포 미?

택시 좀 불러주세요.
Please get me a taxi.
플리즈 겟 미 어 택시

이 호텔의 주소가 있는 카드를 받을 수 있을까요?
Could I have a card with the hotel's address?
쿠드 아이 해브 어 카드 윗 더 호텔스 애드레스?

금연[흡연] 방을 원해요.
I'd like a non-smoking[smoking] room.
아이드 라익 어 넌 스모킹 [스모킹] 룸

전망 좋은 방을 부탁 드려요.
I'd like a room with a nice view.
아이드 라익 어 룸 윗 어 나이스 뷰

헤어드라이기 있나요?
Do you have a hair dryer?
두 유 해브 어 헤어 드라이어

식당을 예약해 주시겠어요?
Could you make a restaurant reservation?
쿠 쥬 메이크 어 레스토랑 레절베이션?

몸이 좋지 않아요.
I feel sick.
아이 필 씩

의사를 불러 주세요.
Call me a doctor, please.
콜 미 어 닥터 플리즈

옆방이 시끄러워요.
The room next door is noisy.
더 룸 넥스트 도얼 이즈 노이지

주차장을 이용하고 싶어요.
I'd like to use the parking lot.
아이드 라익 투 유즈 더 파킹 랏

호텔에서 쾌적하게 지내고 싶어요.

호텔에서 조식을 먹을 때

방에서 아침을 먹어도 될까요?
Can we eat breakfast in our room?
캔 위 잇 브렉퍼스트 인 아워 룸?

아침 여덟 시에 그것을 가져다 주시겠어요?
Please bring it at eight in the morning.
플리즈 브링 잇엣 에잇 인 더 모닝
참고 P.156

크루아상과 커피 부탁 드려요.
I'd like some croissonts and a coffee, please.
아이드 라익 썸 크루아상 앤 어 커피 플리즈

아침은 뷔페식인가요?
Is breakfast buffet style?
이즈 브렉퍼스트 뷔페 스타일?

아침 식사는 몇 시부터인가요?
What time does breakfast start?
왓 타임 더즈 브렉퍼스트 스타트?

체크아웃을 합시다

체크아웃은 시간 여유를 가지고 합시다.

체크아웃 부탁드려요.
I'd like to check out, please.
아이드 라익 투 체크 아웃 플리즈

415호의 미나입니다.
It's Mina in Room 415.
잇츠 미나 인 룸 포원파이브
참고 P.156

계산서에 오류가 있는 것 같아요.
I think there is a mistake on this bill.
아이 띵크 데얼 이즈 어 미스테이크 온 디스 빌

저는 룸서비스를 시키지 않았어요.
I didn't order room service.
아이 디든 오더 룸 서비스

저는 국제 전화를 이용하지 않았어요.
I didn't make any international phone calls.
아이 디든 메익 애니 인터네셔널 폰 콜

120

감사합니다. 정말 즐겁게 보냈습니다.	**Thank you. I really enjoyed my stay.** 땡큐　　　아이 리얼리 인조인드 마이 스테이
저는 미니바에서 아무 것도 먹지 않았어요.	**I had nothing from the mini bar.** 아이 헤드 낫띵　프롬 더 미니 바
미니바에서 주스 한 병을 마셨어요.	**I had a bottle of juice from the mini bar.** 아이 해드 어 바틀 오브 쥬스 프롬 더 미니 바
맡겨 둔 귀중품을 찾고 싶어요.	**I'd like my valuables back.** 아이드 라익 마이 벨류어블스 백
방에 물건을 놓고 왔어요.	**I left something in my room.** 아이 레프트 썸띵　인 마이 룸
신용 카드로 결제할게요.	**I'd like to pay by credit card.** 아이드 라익 투 페이 바이 크레딧 카드
이 신용 카드로 결제할 수 있나요?	**Do you accept this credit card?** 두 유 엑셉트 디스 크레딧 카드?
현금으로 결제할게요.	**I'd like to pay in cash.** 아이드 라익 투 페이 인 캐쉬
숙박을 연장하고 싶어요.	**I'd like to extend my stay.** 아이드 라익 투 익스텐드 마이 스테이

도움이 되는 단어장 WORD

물	water 워터	이불	comforter 컴포터	화장지	toilet paper 토일렛 페이퍼
뜨거운 물	hot water 핫 워터	매트리스	mattress 매트리스	옷걸이	hanger 행어
베개	pillow 필로우	환기	ventilation 벤틸레이션	슬리퍼	slippers 슬리퍼스
시트	sheets 시트	샴푸	shampoo 샴푸	유리컵	glass 글래스
		비누	soap 솝	드라이기	dryer 드라이어
		목욕 수건	bath towel 배스 타올	재떨이	ashtray 애쉬트레이

입국 심사에 필요한 표현은 이렇습니다.

현지 공항에 도착하면 우선 입국 심사를 합니다.
여권 등 필요한 것을 준비합니다.

입국 심사에서는?

외국인 카운터로 가서 필요한 서류를 제출하세요. 입국 심사 시 여행 목적이나 체류 기간을 묻는 경우도 있습니다. 문제가 없다면 여권에 입국 도장을 찍어 줄 것입니다.

입국 심사에서 제출할 것들
● 여권
● 입국 카드 (※)
● 세관 신고서
● 돌아오는 항공권 (요구하면 제출합니다)

세관에서 필요한 것
● 여권
● 세관 신고서

※ 나라에 따라서는 아닌 곳도 있습니다.

입국 카드와 세관 신고서는 기내에서 배부하므로 미리 기입해 둡시다.

여권을 볼 수 있을까요?

May I see your passport, please?
메이 아이 씨 유얼 패스포트 플리즈?

여행 목적이 무엇인가요?

What's the purpose of your visit?
왓츠 더 펄퍼스 오브 유얼 비짓?

관광이요. / 출장이요.

Sightseeing. / Business.
사이트씨잉 / 비지니스

얼마나 머무실 예정이신가요?

How long are you going to stay?
하우 롱 알 유 고잉 투 스테이?

대략 3일 정도요.

About three days.
어바웃 쓰리 데이즈

참고 P.156

어디에서 머무시나요?

Where are you staying?
웨얼 알 유 스테잉?

플라자 호텔에서요. / 친구네 집에서요.

The Plaza Hotel. / My friend's house.
더 플라자 호텔 / 마이 프렌즈 하우스

입국 수속 순서

1 도착
공항에 도착. 안내에 따라 입국 심사를 한다.

2 입국 심사
외국인 카운터 줄에 서서 입국 심사를 받는다.

3 짐 찾기
항공사, 편명을 확인하고 턴테이블로 기내에 맡긴 짐을 받는다.

4 세관
짐을 들고 필요한 서류를 제출하고 세관 검사를 통한다. 면세 범위 내면 그대로 통과한다. 범위 외의 경우는 필요한 수속을 진행한다.

5 도착 로비
세관을 빠져나와 게이트를 나오면 도착 로비가 보인다.

짐 찾기

안내판에서 항공사와 편명을 확인하고 맡긴 짐을 찾도록 합시다.

짐을 잃어버렸을 때

짐이 분실된 경우에는 우선 'lost&found' 카운터를 찾아가세요. 항공권과 짐 교환증을 직원에게 보여 주고 대처하도록 합시다. 즉시 찾을 수 없는 경우에는 짐을 숙박하는 호텔로 배달해 줄 수 있는지 물어봅시다. 만일을 대비하여 하루분의 속옷이나 세면도구, 화장품 등은 따로 챙기는 것이 여행의 요령입니다.

짐찾을 때 꼭 짚지않지 확인하세요.

제 캐리어가 아직 도착하지 않았어요.

My suitcase hasn't arrived yet.
마이 수트케이스 해즌트 어라이드 옛

짐을 찾는 대로 제가 머무르는 호텔로 보내 주세요.

Please deliver it to my hotel as soon as you find it.
플리즈 딜리버릿 투 마이 호텔 에즈 순 에즈 유 파인딧

제 캐리어가 망가졌어요.

My suitcase is damaged.
마이 수트케이스 이즈 데미지드

신고하실 물품이 있으신가요?

Do you have anything to declare ?
두 유 헤브 애니띵 투 디클레얼?

친구를 위한 선물이에요/ 제 개인적 물품이에요.

A present for my friend. / My personal belongings.
어 프레전트 포 마이 프랜드 / 마이 펄스널 빌롱잉즈

도움이 되는 단어장 WORD

도착	arrival 어라이벌	수하물 찾는 곳	baggage claim 배기지 클레임
입국 심사	imigration 이미그레이션	세관	customs 커스텀스
		도착 로비	arrival lobby 어라이벌 로비
		입국 카드	disembarkation card 디셈바아케이션 카아드

수하물 영수증	claim tag 클레임 태그		
검역	quarantine 쿼런틴		
면세/과세	tax-free / taxation 텍스 프리/ 텍세이션		
세관 신고서	customs declaration form 커스텀스 데클러레이션 폼		

기내에서 보다 쾌적하게 보내기 위해서

기내 on an airplane
온 언 에어플레인

비행기에 올라탄 순간부터 해외 여행은 시작되었습니다.
여행을 기대하며 기내에서도 쾌적하게 있을 수 있는 문장들을 소개합니다.

기내에서는?

기내에서 쾌적하게 보내기 위해서 무슨 일이 있으면 즉시 승무원에게 말을 걸도록 합시다.

기내에 가져가면 편리한 것

· 슬리퍼
· 마스크
· 상의
· 귀마개
· 안대
· 목베개
· 상비약
· 콘택트세정액&보존액
· 안약&안경
· 목캔디
· 물티슈
· 스킨
· 칫솔
· 가이드북&회화책
· 부종방지 양말

액체류는 반입 가능여부를 사전에 확인하자.

(잘못 앉아 있는 사람에게)제 자리에 앉아 계신 것 같은데요.
I think you are in my seat.
아이 띵크 유 알 인 마이 씻

뉴욕행 비행기로 환승할 거예요.
I'll connect with another flight to New York .
아일 커넥트 윗 어너덜 플라잇 투 뉴욕

몸이 안 좋아요.
I feel sick.
아이 필 씩

모니터가 작동되지 않아요.
The monitor is not working.
더 모니터 이즈 낫 월킹

짐을 여기에 두어도 될까요?
Can I put my baggage here?
캔 아이 풋 마이 배기지 히얼?

의자를 젖혀도 될까요?
Can I recline my seat?
캔 아이 리클라인 마이 씻?

화장실이 어디인가요?
Where's the restroom?
웨얼즈 더 레스트룸?

기내 방송

안전벨트를 착용해 주세요.

Please fasten your seat belt.
플리즈 페슨 유어 싯 벨트

좌석으로 돌아가세요.

Please go back to your seat.
플리즈 고우 백 투 유어 시트

좌석을 제자리로 돌려 주세요.

Please put your seat back to its original position.
플리즈 풋 유어 시트 백 투 잇츠 오리지널 포지션

테이블을 원래 위치로 되돌려 주세요.

Please put your table back to its original position.
플리즈 풋 유어 테이블 백 투 잇츠 오리지널 포지션

부탁하고 싶을 때는?

좌석에 있는 호출 버튼을 사용하면 주변 사람에게 폐를 끼치지 않고 승무원을 부를 수 있습니다.

방석과 담요를 받을 수 있을까요?

Could I have a pillow and a blanket?
쿠드 아이 헤브 어 필로우 앤 어 블랭킷?

추워요[더워요]

I feel cold [hot].
아이 필 콜드[핫]

기내에서 알코올을 마시면 지상에 있을 때보다 취하기 쉽습니다. 너무 많이 마시지 않도록 주의합시다.

오렌지 주스 [맥주] 부탁드려요.

Orange juice[Beer], please.
오렌지 주스 [비어] 플리즈

식사할 때 깨우지 말아주세요.

Don't wake me up for the meal service.
돈 웨익 미 업 포 더 밀 서비스

무사히 도착했습니다!

이것 좀 치워 주시겠어요?

Could you take this away?
쿠 쥬 테이크 디스 어웨이?

도움이 되는 단어장 WORD

사용 중	occupied 아켜파이드	창가 좌석	window seat 윈도우 씻	비행증후군	jet lag 젯 레그
비어 있는	vacant 베이컨트	복도 좌석	aisle seat 아일 씻	메스꺼운	nauseousness 노셔스니스
		좌석 번호	seat number 씻 넘버	비상구	Emergency Exit 이멀전시 엑싯
		현지 시간	local time 로컬 타임	멀미	anti-travel sickness 안티 트래블 식니스

125

드디어 귀국 날입니다.

공항 airport
에어포트

출발 약 2시간 전부터 체크인이 가능합니다.
혼잡하거나 결항 문제가 있을 수 있으니 여유를 가지고 공항으로 향합시다.

공항에 빨리 도착하기

시간에 따라 체크인 카운터에서 2시간 이상 기다릴 수도 있으므로 여유롭게 공항으로 향합시다.

제 항공편을 다시 확인하고 싶어요.
I'd like to reconfirm my flight.
아이드 라이크 투 리컨펌   마이 플라잇

제 이름은 김영희예요.
My name is Young Hee Kim.
마이 네임 이즈 영희 킴

제 비행기 번호는 UA105이고, 8월9일 서울행 비행기예요.
My flight number is UA 105 for Seoul on August 9th.
마이 플라잇 넘버   이즈 유에이 105 포 서울   온 어거스트 나인스
참고 P.157

체크인

이용하는 항공사의 체크인 카운터에서 체크인을 합니다. 항공권과 여권을 제시하고 기내에 반입하지 않는 짐을 맡깁니다. 짐 교환증과 탑승권을 받읍시다.
최근에는 많은 항공사에서 자동 체크인 기계를 도입하고 있습니다. 기내에 반입하지 않는 짐은 자동 체크인 후 맡깁니다.

유나이티드 항공사 카운터가 어디인가요?
Where is the United Airlines counter?
웨열   이즈 디   유나이티드 에얼라인   카운터?

체크인해 주세요.
Check in, please.
체크인   플리즈

창가 좌석 [통로석] 부탁드려요.
A window[An aisle] seat, please.
어 윈도우[언 아일]]   씻   플리즈

서둘러야 할 때는…

죄송합니다. 제 비행기가 곧 떠나요.
I'm sorry. My flight is leaving shortly.
아임 쏘리   마이 플라잇 이즈 리빙   숄틀리

126

출국 수속 순서

1 체크인
항공사 카운터에서 체크인. 짐을 맡긴다.

2 면세 절차
많은 물건을 사고 면세분을 환불받는 사람은 면세 카운터에서 수속을 밟는다. ※1

3 세관
고미술품 등 신고할 것이 있는 경우에는 세관 신고서를 제출한다. 없으면 제출하지 않아도 된다.

4 보안 검사
짐을 X선 검색대에서 검사받고 검사 게이트를 통과한다.

5 출국 심사
여권과 탑승권을 제출하고 출국 심사를 받는다. 끝나면 출발 로비로 간다. ※2

기본 회화
관광
쇼핑
맛집
뷰티
엔터테인먼트
호텔
교통수단
기본 정보
단어장

※ 1. 미국은 대부분의 주에서 면세 제도를 시행하지 않습니다.
※ 2. 미국 공항에서는 항공사 카운터에서 체크인과 동시에 출국 심사도 종료됩니다.

항공편을 바꿀 수 있을까요?

Can I change the flight?
캔 아이 체인지 더 플라잇?

10번 게이트가 어디인가요?

Where is Gate 10 ?
웨얼 이즈 게이트 텐?

참고P.156

출국 수속 절차는 국가나 공항에 따라 다릅니다. 공항 직원의 지시에 따르세요.

이 비행기는 제 시간에 출발할까요?

Will this flight leave on schedule?
윌 디스 플라잇 리브 온 스케쥴?

비행기가 얼마나 연착될까요?

How long will it be delayed?
하우 롱 윌 잇 비 딜레이드?

위탁 수하물 맡기기

가위나 손톱깎이 등의 칼은 기내 반입 금지이므로 위탁 수하물에 넣읍시다. 액체류의 반입도 제한되어 있으므로 술이나 화장품 등도 제한 대상이 됩니다.
깨지기 쉬운 물건이 들어 있는 경우에는 담당자에게 전달하도록 합시다.

이건 제 기내수하물이에요.

This is my carry-on luggage.
디스 이즈 마이 케리-온 러기지

깨지기 쉬운 물건이 있어요.

I have a fragile item.
아이 해브 어 프레절 아이템

무사히 비행기에 탔어요!

짐을 꺼내도 될까요?

Can I take out my luggage?
캔 아이 테이크 아웃 마이 러기지?

공항에서 시내로 이동

버스 bus 버스	**철도** train 트레인	**택시** taxi 택시

공항에서 시내까지 가는 데는 다양한 경로가 있습니다.
예산이나 스케줄 상황에 맞게 선택합시다.

각 도시의 공항에서 시내까지 가는 데에는 다양한 루트가 있습니다. 비행기가 도착하기 전에 미리 조사해 둡시다.

셔틀버스 이용

일반적으로 공항에서는 시내에 가기에 합리적인 공항 셔틀버스를 운행하고 있습니다. 같은 방면으로 향하는 승객을 모아 출발하여 각 호텔에서 내려 주는 것도 있습니다만, 정해진 정류장에만 정차하는 경우도 있습니다. 승객의 인원이나 들르는 호텔, 도로 상황에 따라 도착 시간에 상당한 차이가 있습니다.

캐리어 카트가 어디 있나요?
Where are the luggage carts?
웨얼　알　더　러기지　카츠?

도시 지도를 받을 수 있을까요?
Can I have a city map?
캔　아이헤브　어　시티　맵?

시내로 가는 버스가 있을까요?
Is there a bus to the city?
이즈 데얼　어 버스 투 더　시티?

팰리스 호텔에 가는 버스는 어디서 탈 수 있나요?
Where can I get the bus service for the Palace Hotel ?
웨얼　캔 아이겟더　버스서비스　포 더　팰리스호텔?

얼마나 자주 운행하나요?
How often does it run?
하우　오픈　더즈　잇런?

언제 출발하나요?
What time does it leave?
왓　타임　더즈　잇 리브?

어디서 차표를 살 수 있나요?
Where can I buy the ticket?
웨얼　캔　아이바이　더　티켓?

128

셔틀버스 티켓은 티켓 부스에서 구입하는 경우도 있지만, 차내에서 기사로부터 구입하거나 승강장 직원에게 구입하는 경우도 있습니다. 왕복으로 사면 저렴해지는 경우도 있으므로 확인해 봅시다.

어른 한 명이요.

One adult, please.
원 어덜트 플리즈

참고P.156

이 버스는 그랜드 센트럴역으로 가나요?

Does this bus go to Grand Central Station ?
더즈 디스 버스 고 투 그랜드 센트럴 스테이션?

다음 버스는 언제 출발하나요?

What time does the next bus leave?
왓 타임 더즈 더 넥스트 버스 리브?

철도 이용

빠르다는 점이 좋긴 하지만 짐이 많을 경우에는 불편합니다. 또한 심야 도착 비행기라면 그날 철도 운행이 끝난 경우가 있으므로 주의합니다.

히스로 익스프레스를 타려면 어디로 가야 하나요?

Where can I take the Heathrow Express ?
웨얼 캔 아테이크 더 히스로 익스프레스?

택시 이용

대기 시간이 적고 목적지 근처에 바로 도착하기 때문에 편리합니다. 해외 공항에는 불법 택시들도 많으니 반드시 정해진 택시 승강장에서 승차합시다.

택시 정류장이 어디인가요?

Where is the taxi stand?
웨얼 이즈 더 택시 스탠드?

택시를 타고 가면 요금이 얼마나 나오나요?

How much does it cost to this hotel by taxi?
하우 머치 더즈 잇 코스트 투 디스 호텔 바이 택시?

기사님께 팁을 잊지 마세요.

(기사님께) 런던 브리지에서 내리고 싶어요.

I want to get off at the London Bridge .
아이 원 투 겟 오프 엣 더 런던 브릿지

무사히 도착했습니다!

(기사님께) 제 짐을 트렁크에서 내려 주실 수 있나요?

Could you unload my suitcase from the trunk?
쿠 쥬 언로드 마이 수트케이스 프롬 더 트렁크?

129

대중교통을 타고 이동하기 | 지하철 subway 서브웨이

운임이 비교적 저렴한 지하철은 여행자에게는 좋은 교통수단이 됩니다.

승강장을 찾아봅시다

우선 지하철 간판을 찾읍시다. 뉴욕에서는 Subway, 런던에서는 'UNDER GROUND'라고 적혀 있습니다.

출구 전용인 곳도 있으니 표시에 주의할 것

충전 카드를 이용

지하철을 1회 이용할 때마다 요금을 지불하는 방법도 있지만, 충전 카드가 있는 경우에는 꼭 이용합시다.
구매 시 체류 기간에 맞게 선택해요.

타기 전에 체크해야 할 것은?

한 정거장에 여러 노선이 있거나 급행 등으로 역에 정차하지 않는 전철도 있으므로 표시를 잘 확인하고 승차합시다.

매표소가 어디인가요?

Where is the ticket office?
웨얼　이즈 더　티켓　오피스?

메트로 카드를 사고 싶어요.

I'd like to have a metro card.
아이드 라이크 투 해브　어 메트로　카드

운행 시간표를 볼 수 있을까요?

Can I see a schedule?
캔　아이 씨　어 스케쥴?

지하철 노선도 좀 주시겠어요?

Can I have a subway map?
캔　아이 헤브　어 서브웨이　맵?

가장 가까운 지하철 역이 어디인가요?

Where is the nearest subway station?
웨얼　이즈 더　니어리스트 서브웨이　스테이션?

타임스퀘어에 가려면 어디서 내려야 하나요?

Which station should I get off to go to Times Square?
위치　스테이션 슈드 아이 겟 오프 투 고 투 타임스퀘어?

시간이 얼마나 걸리나요?

How much time does it take?
하우　머치　타임　더즈　잇 테이크?

130

지하철 타는 법

1 표 구매
역의 매표소에서 표나 카드를 구입한다. 발매기에서 충전도 가능.

2 개찰구 통과
런던은 자동 개찰구 방식, 뉴욕은 바를 회전시키는 방식이다.

3 승차
여러 노선이 운행되는 역에서는 타야할 노선을 정확히 확인한다.

4 하차
차내 안내나 역 표시를 확인하고 원하는 역에서 내린다. 안내 방송이 없는 경우도 많으니 주의.

내릴 때는?
차내 방송이 없는 경우도 있습니다. 두세 개 앞의 역명도 파악하고 목적지 역에 내릴 준비를 해 둡시다.

바깥으로 나올 때는
"Way Out" 또는 "Exit" 표시를 따라 개찰구를 나옵니다. 뉴욕에서는 카드를 통과시킬 필요가 없습니다만, 런던에서는 자동 개찰구에 티켓이나 카드를 인식시켜 나옵니다.

무사히 지하철을 탔어요.

환승을 해야하나요?

Do I have to make a transfer?
두 아이 해브 투 메이크 어 트랜스퍼?

그랜드 센트럴 역으로 가려면 어떤 노선을 타야하나요?

Which line should I take to go to Grand Central Station?
위치 라인 슈드 아이 테이크 투 고 두 그랜드센트럴 스테이션?

다음 역이 어디인가요?

What is the next stop?
왓 이즈 더 넥스트 스탑?

막차는 언제 출발하나요?

What time does the last train leave?
왓 타임 더즈 더 라스트 트레인 리브?

도움이 되는 단어장 WORD

표	ticket 티켓	잔돈	change 체인지	소요시간	required time 리콰이어드 타임
메트로 카드	metro card 메트로 카드	개찰구	gate 게이트	역무원	station staff 스테이션 스테프
매표소	ticket booth 티켓 부스	플랫폼	platform 플랫폼	차장	conductor 컨덕터
자동 발매기	ticket machine 티켓 머신	안내판	information 인포메이션	환승하다	transfer 트랜스퍼
		노선도	subway map 서브웨이 맵	입구	entrance 엔터런스
		시간표	timetable 타임테이블	출구	exit 엑싯

대중교통을 타고 이동하기

철도 train 트레인

한가롭게 차창을 흐르는 경치를 즐기는 것도 여행의 묘미입니다.
사전 준비를 단단히 하고 열차만의 여행 풍경을 즐겨 봅시다.

표를 삽니다

역 발매기나 창구에서 구입할 수 있습니다만, 한국에서 인터넷 또는 여행사를 통해 준비할 수 있습니다. 창구에서 구입할 때 승차 구간, 좌석(1등2등 등), 편도, 왕복, 매수를 말합니다. 나이에 따라 가격이 달라지므로 필요할 때는 말하세요.

외국인을 위한 탑승권(패스)은 영국의경우 현지에서 구입할 수 없으므로 출발 전에 여행사에서 구입할 것!

영국의 매표기
안내에 따라 버튼을 눌러 구입한다.

운행 게시판

Departures

탈 때는?

운행 게시판에서 출발하는 승강장과 운행 상황을 확인합시다. 출발 시 벨이나 안내 방송이 없는 경우도 있으므로 행선지의 표시를 확인하고 일찌감치 승차해 둡니다. 갑작스런 운휴도 있으니 주의.

수동식문도 있으니까 주의

내일 10시에 출발하는 <u>파리행 유로스타</u>를 예매하고 싶어요.

I'd like to reserve a Euro Star for Paris that departs tomorrow at ten.
아이드 라이크 투 리저브 어 유로 스타 포 패리스 댓 디파츠 투모로우 엣 텐

참고P.156

<u>킹스크로스역</u>으로 가려면 얼마인가요?

How much is it to King's Cross Station?
하우 머치 이즈 잇 투 킹스 크로스 스테이션?

패스가 있나요?

Is there any pass?
이즈 데어 애니 패스?

운행 시간표를 볼 수 있을까요?

Can I see the timetable?
캔 아이 씨 더 타임테이블?

운행 게시판은 어디에 있나요?

Where is the bulletin?
웨얼 이즈 더 불리턴

<u>5번</u> 플랫폼은 어디인가요?

Where is platform No. 5 ?
웨얼 이즈 플랫폼 넘버 파이브?

<u>킹스크로스 역</u>으로 가려면 어떤 노선을 타야 하나요?

Which line should I take to go to King's Cross Station?
위치 라인 슈드 아이 테이크 투 고 투 킹스 크로스 스테이션?

차장이 검표를 하러 오는 경우가 있으니 티켓은 바로 꺼낼 수 있도록 해둡시다.

수하물에 주의

짐은 설치되어 있는 선반에 올려 두는 것이 보통이지만, 조금 떨어진 선반에 두는 경우에는 도난에 주의합시다. 무릎 위나 발밑에 방해가 되지 않도록 두어도 되지만 놓을 때 주의하세요.

이 플랫폼은 런던행 기차의 플랫폼이 맞나요?

Is this the platform for the train to London ?
이즈 디스 더 플랫폼 포 더 트레인 투 런던?

이 기차는 캔터베리에 가나요?

Does this train go to Canterbury?
더즈 디스 트레인 고 투 캔터베리?

내릴 때는?

차내 방송이 없는 경우도 많으니 내리는 역이 되어 당황하지 않도록 때때로 노선도 등을 보며 현재 위치를 확인합시다.

여긴 제 자리예요.

This is my seat.
디스 이즈 마이 씻

저는 지하철로 갈아타고 싶어요.

I'd like to switch to the subway.
아이드 라익 투 스위치 투 더 서브웨이

무사히 지하철을 탈 수 있었어요.

티켓을 잃어버렸어요

I've lost my ticket.
아이브 로스트 마이 티켓

영국의 철도

철도 발상지인 영국은 세계적으로 높은 기술과 충실한 노선을 자랑합니다.
철도역을 중심으로 명소가 모여있는 도시도 많아 여행객에게도 이용 가치가 높습니다.

■ 인터시티
주요 도시를 연결하는 중장거리 열차로 통상 차량은 퍼스트 클래스(1등석)와 스탠다드 클래스(2등석)로 나뉜다.

■ 침대 열차
런던에서 스코틀랜드 등의 장거리 노선으로 운행한다. 승차권과는 별도로 침대 요금이 부과되어 사전 예약이 필요하다.

■ 보통 열차
런던 교외나 주요 도시 근교를 달리는 로컬 열차다. 단거리 이동에 적합하며 티켓은 당일에도 거의 즉시 창구나 발매기에서 구입할 수 있다.

133

대중교통을 타고 이동하기

택시 taxi 택시

다른 교통에 비해 비교적 비싸지만 목적지까지 확실히 이동할 수 있어 편리합니다.
야간 외출 시에는 안전한 택시 이용을 추천합니다.

택시를 찾읍시다

역 등에 있는 택시 승강장을 이용하는 것이 확실합니다. 지붕 위의 램프가 점등되어 있으면 빈차라는 뜻입니다. 단, 'OFF DUTY'가 점등되어 있는 경우는 비번인 차이므로 멈추지 않습니다.

택시를 세우려면 미국에서는 손을 들고, 영국에서는 손을 옆으로 내밉니다.

승차

미국에서는 올라탄 뒤 행선지를 말합니다. 영국에서는 창문 너머로 행선지를 전하고 OK하면 탑승합니다.
차가 출발하기 전에 대략적인 금액을 운전자에게 물어 두면 지불 시 문제가 발생하는 것을 막을 수 있습니다.

택시를 불러 주세요.

Please call me a taxi.
플리즈 콜 미 어 택시

얼마나 나올까요?

How much will it be?
하우 머치 윌 잇 비?

시간이 얼마나 걸리나요?

How long will it take?
하우 롱 윌 잇 테이크?

이 주소로 가고 싶어요.

I want to go to this address.
아이 원 투 고 두 디스 어드레스

메트로 폴리탄 미술관으로 가 주세요.

Please take me to the Metropolitan Museum of Art.
플리즈 테익 미 투 더 메트로폴리탄 뮤지엄 오브 아트

서둘러 주세요!

Please hurry!
플리즈 허리!

제 짐을 트렁크에 좀 실어 주세요.

Please put my luggage in the trunk.
플리즈 풋 마이 러기지 인 더 트렁크

134

뉴욕과 런던의 택시

옐로 캡
뉴욕 공인 영업 택시로 요금은 미터제이고, 카드 결제도 가능하다.

블랙 캡
검은 오스틴 택시는 런던 명물이다. 요금은 미터제이다. 낮은 가격이 매력인 미니캡도 있다.

차가 출발하면 요금 미터기가 제대로 작동하고 있는지 확인하자!

여기에서 세워 주세요.

Please stop here.
플리즈　스탑　히얼

여기서 잠시만 기다려 주세요.

Please wait here for a minute.
플리즈　웨잇　히얼　포　어 미닛

지불

미국에서는 요금의 15%를 팁으로 추가해서 지불합니다. 큰 짐을 옮겨 준 경우에는 짐 개수당 $1씩을 추가해야 합니다.
영국에서는 팁은 10%이고 차에서 내린 후 창문 너머로 지불합니다.

얼마인가요?

How much is it?
하우　머치　이즈 잇?

영수증 좀 주시겠어요?

Could I have a receipt?
쿠드　아이 헤브　어 리싯?

미터기랑 요금이 다른데요.

The fare is different from the meter.
더　페어 이즈 디프런트　프롬　더　미터

택시 이용법과 문제 발생을 대비하는 법

택시 이용법

택시를 찾을 수 없을 때는 택시 회사에 전화해서 택시를 부를 수 있습니다. 식사나 쇼핑 등으로 이용한 가게에 택시를 불러 달라고 합시다.

문제 발생을 대비하는 법

불법 택시 이용은 문제에 휘말릴 수 있으므로 피하는 것이 좋습니다. 주행 중 미터기를 체크하거나 지불 시 영수증을 받는 등 약간 주의만 한다면 문제 발생 시 적극 대처할 수 있을 것입니다.

무사히 택시를 탔습니다.

대중교통을 타고 이동하기 ▮ 버스 ^{bus}
버스

느긋하게 경치를 즐기거나 현지인들과 접촉할 기회가
생기는 것이 버스의 매력입니다.

버스 정류장을 찾아 봅시다

목적지로 향하는 노선의 버스 정류장을 찾아봅시다.

미국의 버스 정류장

미국은 거리마다 정류장이 다르니 주의한다.

런던의 버스 정류장

버스 정류장에 "Request Bus"라고 쓰여 있는 경우 버스가 오면 손을 들고 탈 의사를 표시하자.

요금 지불

버스에 따라 지불 방법은 다양하지만 승차 시에 지불하거나 카드를 읽고 타기도 합니다. 타기 전에 미리 사전 조사를 해둡시다.

편리한 버스이지만 안전 측면에서 이른 아침이나 야간 이용은 피하는 것이 무난합니다.

타임스퀘어로 가는 버스는 어디서 탈 수 있나요?

Where can I catch a bus to Times Square?
웨얼　캔 아이 캐치 어 버스 투　타임스퀘어?

어디서 표를 살 수 있나요?

Where can I buy the ticket?
웨얼　캔 아이 바이 더　티켓?

버스에서도 티켓을 살 수 있나요?

Can I buy the ticket on the bus?
캔 아이 바이 더 티켓　온 더　버스?

회수권이 있나요?

Do you have a ticket booklet?
두 유　해브　어 티켓　부클릿?

이 버스는 타임스퀘어에 가나요?

Does this bus go to Times Square?
더즈　디스 버스 고 투 타임스퀘어?

카네기 홀에 가려면 어디서 내려야 하나요?

At which stop should I get off to go to Carnegie Hall?
엣 위치　스탑 슈드 아이 겟 오프 투 고 투 카네기　홀?

버스 노선도를 받을 수 있을까요?

Can I have a bus route map?
캔 아이 해브　어 버스 루트　맵?

136

버스 타는 방법

1 노선 확인
노선도에서 목적지로 향하는 버스 정류장을 확인한다. → **2** 승차
버스 정류장에 따라서는 여러 노선이 있을 수 있으므로 행선지에 주의한다. → **3** 지불
승차 시 차장이 있는 경우는 차장에게 요금을 지불한다. → **4** 하차
하차 버튼을 누르거나 창가의 줄을 당기는 등으로 내릴 의사를 나타낸다.

승차

버스에 표시되어 있는 행선 표시나 노선 번호 등을 확인하고 탑승합시다. 탑승할 때 운전자에게 목적지까지 가는지 물어보면 더 안심되겠지요.

> 도시에 따라 다르지만 뉴욕이나 호놀룰루 버스에서는 환승 시간 내라면 다른 노선으로 무료로 환승이 가능합니다. 승차 시 '환승 부탁드립니다', 'Transfer, please.(트랜스퍼, 플리즈)'라고 말하고 환승권을 받읍시다.

거기에 가려면 어떤 노선을 타야 하나요?

Which line should I take to go there?
위치　라인　슈드　아이 테이크 투 고 데얼?

어디에서 환승해야 하나요?

Where should I make a transfer?
웨얼　슈드　아이 메이크 어 트랜스퍼?

저는 다음 정거장에서 환승하고 싶어요.

I'd like to transfer at the next stop.
아이드 라잌 투 트랜스퍼　엣 더　넥스트 스탑

센트럴 파크에 도착하면 말씀해 주시겠어요?

Could you tell me when we arrive at Central Park, please?
쿠 쥬 텔 미 웬 위 어라이브 엣 센트럴 파크 플리즈?

하차

다음 버스 정류장에서 내리고 싶은 경우는 근처에 있는 버튼 등으로 알립시다. 차내 방송은 없는 경우가 대부분이므로 주의합니다.

여기에서 내릴게요.

I'll get off here.
아일 겟　오프 히얼

다음 정류장은 어디인가요?

What is the next stop?
왓　이즈 더　넥스트 스탑?

반대 방향으로 가는 정류장은 어디인가요?

Where is the bus stop for the opposite way?
웨얼 이즈 더 버스 스탑 포 더 어퍼짓　웨이?

무사히
버스를 탔어요!

환전은 이렇게 하세요.　통화와 환전　CURRENCY & EXCHANGE
커렌시 & 익스체인지

여행지에서 가장 중요한 것은 돈입니다.
입국하면 우선 공항을 나와 호텔 객실에 도착할 때까지 필요한 돈 준비를 해 봅시다.

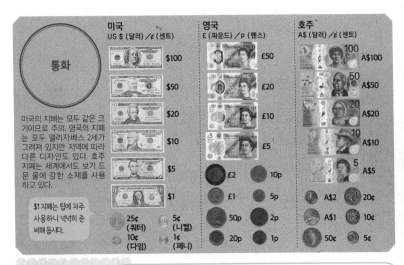

통화

미국의 지폐는 모두 같은 크기이므로 주의. 영국의 지폐는 모두 엘리자베스 2세가 그려져 있지만 지역에 따라 다른 디자인도 있다. 호주 지폐는 세계에서도 보기 드문 물에 강한 소재를 사용하고 있다.

$1지폐는 팁에 자주 사용하니 넉넉히 준비해둡시다.

미국 US $ (달러) /¢ (센트)
- $100
- $50
- $20
- $10
- $5
- $1
- 25¢ (쿼터)
- 5¢ (니켈)
- 10¢ (다임)
- 1¢ (페니)

영국 £ (파운드) /p (펜스)
- £50
- £20
- £10
- £5
- £2
- 10p
- £1
- 5p
- 50p
- 2p
- 20p
- 1p

호주 A$ (달러) /¢ (센트)
- A$100
- A$50
- A$20
- A$10
- A$5
- A$2
- 20¢
- A$1
- 10¢
- 50¢
- 5¢

환전할 때는?

여권을 제시해야 합니다.
재환전 시에는 환전 시 전달받은 외화교환증명서가 필요할 수 있습니다.
환전은 공항, 호텔, 거리의 은행이나 환전소 등에서 할 수 있습니다.

환전소가 어디 있나요?
Where is the money exchange?
웨얼　이즈 더　머니　익스체인지?

원화를 500달러로 환전하고 싶어요.
I'd like to buy 500 dollars with won.
아이드 라익 투 바이 파이브 헌드레드 달러스 윗 원　참고P.156

어떻게 해 드릴까요?
How would you like it?
하우　우　쥬　라이킷?

20달러 10장과 50달러 6장 으로 바꿔주세요.
I'd like ten 20 dollar bills and six 50 dollar bills.
아이드 라익 텐 투에니 달러 빌스 앤 식스 피프티 달러 빌스
참고P.156

일반적으로 동네 환전소, 은행 공항, 호텔 순으로 환율이 안 좋습니다.

이걸 달러로 바꿔 주실 수 있나요?

Can you change this into dollars?
캔 유 체인지 디스 인투 달러스?

이 여행자 수표를 현금화하고 싶어요.

I'd like to cash this traveler's check.
아이드 라익 투 캐쉬 디스 트래블러스 체크

이 지폐를 동전으로 바꿔 주세요.

Please change this bill into coins.
플리즈 체인지 디스 빌 인투 코인즈

계산이 틀린 것 같아요.

I think this is incorrect.
아이 띵크 디스 이즈 인커렉트

영수증 좀 주시겠어요?

Could I have the receipt?
쿠드 아이 헤브 더 리싯?

무사히 환전 했어요!

50달러(10장) 주세요.

(Ten) 50 dollar bills, please.
(텐) 피프티 달러 빌즈 플리즈

신용 카드로 인출

국제 브랜드의 신용 카드나 그들과 제휴한 신용 카드를 사용해 거리에 설치되어 있는 ATM에서 필요에 따라 인출할 수 있기 때문에 여분의 현금을 가질 필요가 없어 편리합니다.

24시간 ATM도 있어 편리하지만 길거리에 있는 ATM이나 야간 이용은 피하는 것이 안전합니다.

---

1) 신용 카드를 넣는다

2) 비밀번호를 입력한다.
4자리 비밀번호(PIN)를 입력.

3) 거래내용을 선택한다.
현금 인출할 때는 'WITHDRAWAL'을 선택.

4) 인출액을 $20 단위로 입력한다.
$20 단위로 금액을 입력하고 "FROM CREDIT"을 선택. 국제 현금카드로 예금을 인출하려면 'FROM SAVINGS'를 선택한다.

PLEASE ENTER YOUR PERSONAL IDENTIFICATION NUMBER.

PLEASE SELECT THE TYPE OF TRANSACTION BY PRESSING THE APPROPRIATE KEY.
WITHDRAWAL — 인출
BALANCE INQUIRY — 잔액 조회
TRANSFER — 송금

PLEASE ENTER THE WITHDRAWAL AMOUNT AS A MULTIPLE OF $20.
20.00
FROM CHECKING — 잔액 조회
FROM SAVINGS — 예금에서 인출
FROM CREDIT — 신용 카드에서 인출
CLEAR

편지나 소포를 보내 봅시다.

우편과 배송
postal mail / delivery
포스탈 메일 / 딜리버리

해외에서 편지로 여행 기분을 전하세요.
구입한 선물을 소포로 보내면 홀가분하게 여행을 계속할 수 있을 거예요.

우체국을 찾읍시다

우표는 호텔 프런트에서 구입할 수 있는 경우도 있습니다.

미국 우체통

통상 우편용, 속달용, 요금 계량별 납입용 등 여러 종류가 있다. 파란색 우체통에 넣자.

영국 우체통

국외로 보낼 경우에는 'First Class and Abroad (International)'의 우체통으로 넣는다.

호주 우체통

속달은 노란색, 그 외에는 빨간색 우편함으로 넣는다.

우표를 어디서 살 수 있나요?

Where can I buy some stamps?
웨얼 캔 아이 바이 썸 스탬프스?

우체통이 어디 있나요?

Where is the mailbox?
웨얼 이즈 더 메일박스?

이것을 한국으로 보내고 싶어요.

I'd like to send this to Korea.
아이드 라익 투 샌드 디스 투 코리아

도착하는 데 얼마나 걸릴까요?

How long does it take to get there?
하우 롱 더즈 잇 테익 투 겟 데얼?

속달로 부쳐주시겠어요?

Can you send it by express?
캔 유 샌드 잇 바이 익스프레스?

한국으로 보내는 우편 요금이 얼마인가요?

How much is the postage to Korea?
하우 머치 이즈 더 포스터지 투 코리아?

항공 우편으로 30달러 입니다.

Thirty dollars by air.
떨티 달러스 바이 에어

참고 P.156

배송

소포는 우체국 창구에서 보낼 수 있습니다. 급한 경우는 EMS를 사용합시다.

한국으로 소포를 부치고 싶어요.

I'd like to send a package to Korea.
아이드 라익 투 샌드 어 패키지 투 코리아

국제 택배

우편보다는 비교적 비싸지만, 큰 짐을 보낼 수 있습니다. 포장재를 받거나 별송품 절차를 대행해 주는 경우도 있으므로 확인합시다.

박스와 테이프 좀 주시겠어요?

Could I have a box and some tape?
쿠드 아이 해브 어 박스 앤 썸 테입?

송장 작성하는 것 좀 도와주시겠어요?

Could you tell me how to write an invoice?
쿠 쥬 텔 미 하우 투 라이트 언 인보이스?

무사히 보냈습니다!

잘 깨지는 물건이 안에 들어 있어요.

There is a fragile item in here.
데얼 이즈 어 프레절 아이템 인 히얼

수신처 작성법

● 엽서나 편지의 경우

보내는 사람은 한국어로 써도 OK! 한국의 주소를 써도 좋습니다.

POST CARD

HONG GILDONG
CENTRAL HOTEL
LOS ANGELES

서울특별시 종로구
세종대로 1

REPUBLIC OF KOREA

AIR MAIL

우표
(우체국이나 호텔에서 구입할 수 있습니다.)

받는 사람은 한국어로 써도 OK

대문자로 작성

대문자로 작성

도움이 되는 단어장 WORD				
	편지	letter 레터	취급주의	handle with care 핸덜 윗 케어
	인쇄물	printed matter 프린티드 매터	소포	parcel 파아셀
엽서	postcard 포스트카드	깨지기 쉬운	fragile 프레절	별송품	Unaccompained Baggage 어너컴펀드 배기지

전화를 걸어 봅시다. | 전화 ^{telephone} 텔레폰

여행할 때 레스토랑이나 스파 등의 예약은 사전에 해 두는 것이 중요합니다.
긴급 시에 전화를 사용할 수 있으면 편리하니 전화 거는 방법을 마스터 해 둡시다.

전화를 찾아 봅시다

공중전화는 거리나 호텔 로비 등에 있으며, 대부분은 전화 카드를 사용할 수 있습니다. 또한 대부분의 호텔은 객실에서 다이얼 직통 국제전화를 걸 수 있습니다.

국제 전화를 걸다

○ 다이얼 직통 전화

1. 일반 전화
(예) 서울 02-1234-5678

호텔에서 걸 때는,
호텔 외선 번호

↓ ┌─ 한국 국가 번호
↓ ↓
● - ▲ 82-2-1234-5678
↑
국제 전화
식별번호

2. 휴대전화
(예) 010-1234-5678

호텔에서 걸 때는,
호텔 외선 번호
↓ ┌─ 한국 국가 번호
↓ ↓
● - ▲ 82-10-1234-5678

국제 전화   010에서 앞의 0은
식별번호   뺀다

○국제 전화 회사의
   서비스 이용

신용카드나 전용 서비스를 이용해 국제 전화를 이용할 수 있습니다.

공중전화가 어디 있나요?

Where is the pay phone?
웨얼   이즈 더 페이 폰?

여보세요, 쉐라톤 호텔인가요?

Hello. Is this the Sheraton Hotel?
헬로   이즈 디스 더   쉐러턴 호텔?

1102호의 김영희씨와 통화 연결해 주시겠어요?

May I speak to Ms. Kim in Room 1102?
메이 아이 스피크 투 미스 킴   인 룸   원원지로투?
참고P.156

잠시만 기다려 주세요.

Just a moment, please.
저스트 어 모먼트   플리즈

메시지를 남길 수 있을까요?

Can I leave a message?
캔 아이 리브 어 메세지?

나중에 다시 전화 할게요.

I'll call again later.
아일 콜   어게인   레이터

김철수가 전화했다고 전해 주세요.

Please tell her that Cheolsu called.
플리즈   텔 헐 댓 철수   콜드

한국에서 미국으로 국제전화를 걸때는?

국제전화 식별번호

미국 지역 번호

●-1-617-123-4567

미국 국가 번호

각국의 국가 번호

미국‥1
캐나다‥1
영국‥44
호주‥61
뉴질랜드‥64
아일랜드‥353

조금만 천천히 말씀해 주시겠어요?

Could you speak more slowly?
쿠 쥬 스피크 모얼 슬로울리?

죄송합니다. 번호를 잘못 눌렀어요.

I'm sorry. I have the wrong number.
아임 쏘리 아이 해브 더 롱 넘버

휴대 전화를 빌리고 싶어요.

I'd like to rent a cell phone.
아이드 라익 투 렌트 어 쎌 폰

10달러 전화 카드 주세요.

A 10 -dollar phone card, please.
어 텐 달러 폰 카드 플리즈   참고 P.156

한국으로 수신자 부담 전화를 걸고 싶어요.

I'd like to make a collect call to Korea.
아이드 라익 투 메이크 어 콜렉트 콜 투 코리아

이 전화로 한국으로 전화를 걸 수 있을까요?

Can I make a call from this phone?
캔 아이 메익 어 콜 프롬 디스 폰?

한국어를 할 줄 아시는 분이 있나요?

Is there anyone who speaks Korean?
이즈 데얼 애니원 후 스픽스 코리안?

전화로
소식을 알려요.

143

인터넷을 사용해 봅시다.

인터넷

Internet
인터넷

현지에서의 정보 수집은 물론 통신 수단으로도
여행지에서의 인터넷 이용은 빼놓을 수 없죠.

인터넷을 이용하려면?

● **호텔 시설을 이용**
호텔에 따라서는 객실에서 WiFi
접속이 가능합니다.
또한 투숙객이 이용할 수 있는
PC가 로비에 설치되어 있는 경
우도 있습니다.
예약 시 확인합시다.

● **PC방**
여행자가 많은 거리에는 PC방
이 있지만 생각보다 적기 때문
에 여행 전에 주소 등을 알아 두
면 편리합니다.

● **WiFi 스팟**
WiFi에 접속할 수 있는 장소가
많아 PC 지참 시에는 접속 가
능한 환경으로 설정해 두면 편
리합니다.

스마트폰은 해외
에 나갔을 때, 자
동적으로 로밍이
실시되는 경우가
있어, 모르는 사이
에 고객 요금이 부
과될 수 있으므로
설정에 주의합시다.

이 호텔에서 인터넷을 사용할 수 있나요?

Can I use the Internet in this hotel?
캔 아이 유즈 디 인터넷 인 디스 호텔?

근처에 PC방이 있나요?

Is there an Internet cafe around here?
이즈 데얼 언 인터넷 카페 어라운드 히얼?

제 개인 컴퓨터를 사용해도 될까요?

Can I use my own PC?
캔 아이 유즈 마이 오운 피씨?

한 시간당 얼마인가요?

How much is it for an hour?
하우 머치 이즈 잇 포 언 아우어?

이 컴퓨터는 한국어 문자 표기가 가능한가요?

Can this computer display Korean characters?
캔 디스 컴퓨터 디스플레이 코리안 캐릭터스?

여기 무료 와이파이 서비스 있나요?

Do you have a free WiFi service?
두 유 해브 어 프리 와이파이 서비스?

LAN 케이블을 빌릴 수 있을까요?

Can I borrow a LAN cable?
캔 아이 바로우 어 랜 케이블?

PC 이용 시 주의 사항

PC를 가져가는 경우는 도착하는 나라의 전압
과 전원 플러그에 대해 알아보고 준비해 갑니다.
무선 LAN이 도입되고 있는 곳이 늘고 있습니다
만, LAN 케이블도 지참해 두면 안심입니다.

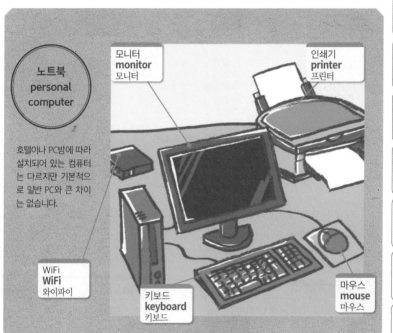

노트북
**personal
computer**

호텔이나 PC방에 따라
설치되어 있는 컴퓨터
는 다르지만 기본적으
로 일반 PC와 큰 차이
는 없습니다.

모니터
monitor
모니터

인쇄기
printer
프린터

WiFi
WiFi
와이파이

키보드
keyboard
키보드

마우스
mouse
마우스

바로 사용할 수 있는 문장

랜선 [와이파이] 이 연결되지 않아요.
좀 도와주시겠어요 ?
**I can't get the LAN[WiFi] connection to
work. Could you help me?**
아이 캔 겟 더 랜 [와이파이] 커넥션 투 월크.
쿠쥬 헬프 미 ?

마우스가 작동하지 않아요.
The mouse is not working.
더 마우스 이즈 낫 월킹

작동이 멈췄어요.
It froze up.
잇 프로즈 업

145

긴급 상황·트러블에 대비하자.

긴급 상황에 대비할 수 있는 문구를 모았습니다.
중대한 사태를 피하기 위해서라도 꼭 훑어봅시다.

도움을 요청할 때

도와주세요!

Help me!
헬프 미

하지 마세요!

Stop it!
스탑 잇

저랑 같이 가요!

Come with me!
컴   윗 미

들어 보세요!

Listen!
리슨

경찰을 불러 주세요!

Call the police!
콜 더 폴리스

도둑이야!

Thief!
띠프

저 남자 [여자] 좀 잡아요!

Catch that man [woman]!
캐치   댓 맨 [우먼]

누구 없어요?

Somebody!
썸바디

저는 돈이 없어요.

I don't have any money.
아이 돈 해브 애니 머니

그게 다예요.

That's all.
댓츠 올

살려 주세요!

Don't kill me!
돈트 킬 미

나가세요!

Get out!
겟 아웃

의사를 불러 주세요!

Call a doctor, please!
콜   어 닥터   플리즈

146

경고할 때

움직이지 마!

Don't move!
돈트 무브

멈춰!

Stop!
스탑

돈 내놔!

Give me the money!
깁 미 더 머니

조용히 해!

Be quiet!
비 콰이엇

손들어!

Hands up!
핸즈 업

숨어!

Hide!
하이드

분실, 도난 시

저 여권을 잃어버렸어요.

I lost my passport.
아이 로스트 마이 패스포트

여기로 전화하세요.

Call here.
콜 히얼

저 가방을 도둑 맞았어요.

I had my bag[wallet] stolen.
아이 해드 마이 백 [월렛] 스톨른

한국어를 할 줄 아시는 분 없나요?

Is there anyone who speaks Korean?
이즈 데얼 애니원 후 스픽스 코리안?

한국 대사관이 어디예요?

Where is the Korean Embassy?
웨얼 이즈 더 코리안 엠버시?

긴급 상황·트러블에 대비하자.

분실, 도난 시

경찰에 신고하고 싶은데요.

I'd like to report it to the police.
아이드 라익 투 리포트 잇 투 더 폴리스

도난 신고 좀 해 주시겠어요?

Could you make out a report of the theft?
쿠 쥬 메익 카웃 어 리포트 옵 더 띠프?

제 짐을 못 찾겠어요.

I can't find my baggage.
아이 캔트 파인드 마이 배기지

어디서 잃어버렸는지 모르겠어요.

I'm not sure where I lost it.
아임 낫 슈얼 웨얼 아이 로스트 잇

저기에 있는 분실물 보관소에 이야기 하세요.

Please report to the lost-and-found over there.
플리즈 리포트 투 더 로스트 앤 파운드 오벌 데얼

찾으시면 제가 머무는 호텔로 바로 연락주세요.

Please call my hotel as soon as you find it.
플리즈 콜 마이 호텔 에즈 순 에즈 유 파인 딧

어디에 신고해야 하나요?

Where should I report to?
웨얼 슈드 아이 리포트 투?

제 가방을 택시에 두고 내렸어요.

I left my bag in the taxi.
아이 레프트 마이 백 인 더 택시

제 가방을 여기에 뒀었는데, 사라졌어요.

I left my bag here and now it's gone.
아이 레프트 마이 백 히얼 앤 나우 잇츠 곤

도움이 되는 단어장
WORD

		휴대전화	telephone 텔레폰	한국 대사관	Korean Embassy 코리안 엠버시
		현금	money 머니	여권	passport 패스포트
경찰	police 폴리스	주소	address 애드레스	소매치기	pickpocket 픽파킷
구급차	ambulance 엠뷸런스	여행자 수표	travelers check 트래블러스 체크	보안관	sheriff 셰어러프
분실	loss 로스	신용 카드	credit card 크레딧 카드	보험사	insurance company 인슈어런스 컴퍼니

memo
신용카드 분실시 연락처

항공사

호텔

해외 여행 보험

한국어 가능 의료기관

memo

긴급 상황·트러블에 대비하자.

아픈 기운, 부상

몸이 아파요 .

I feel sick.
아이 필 씩

두통이 있어요 .

I have a headache.
아이 해브 어 헤데익

어지러워요 .

I feel dizzy.
아이 필 디지

속이 메스꺼워요 .

I feel nauseous.
아이 필 너우셔스

열이 있는 것 같아요 .

I think I have a fever.
아이 띵크 아이 해브 어 피버

배가 아파요 .

I have a stomachache.
아이 해브어 스토머케익

칼에 손가락을 베였어요 .

I cut my finger with a knife.
아이 컷 마이 핑거 윗 어 나이프

진단서를 받을 수 있을까요 ?

Can I have a medical certificate?
캔 아이 해브 어 메디컬 서티퍼케이션?

치통이 있어요 .

I have a toothache.
아이 해브 어 투쌔익

발목을 접질렸어요 .

I sprained my ankle.
아이 스프레인드 마이 앵클

팔이 부러진 것 같아요 .

I think I broke my arm.
아이 띵크 아이 브로크 마이 암

손에 화상을 입었어요 .

I burned my hand.
아이 번드 마이 핸드

제 혈액형은 B 형이에요 .

My blood type is B.
마이 블러드 타입 이즈 비

머리	head 헤드	턱	chin 친
관자놀이	temple 템플	목	neck 넥
이마	forehead 포어헤드	목구멍	throat 뜨롯
볼	cheek 치크		
눈	eye 아이		
귀	ear 이열		
코	nose 노즈		
치아	tooth 투스		

☐ 이 아파요.

☐ **hurts.**

☐ 헐츠

어깨	shoulder 숄더
가슴	chest 체스트
배	belly 벨리
팔	arm 암
팔꿈치	elbow 엘보우
손	hand 핸드
손목	wrist 리스트
손가락	finger 핑거
손톱	nail 네일
등	back 백
겨드랑이	armpit 암핏
피부	skin 스킨
복부	abdomen 애브도우먼
횡경막	midriff 미드리프
배꼽	navel 네이벌
허리	waist 웨이스트
엉덩이	bottom 바텀
생식기	private parts 프라이빗 파트

다리	leg 레그
허벅지	thigh 따이
무릎	knee 니
정강이	lower leg 로어 레그
종아리	calf 카프
발목	ankle 앵클
발가락	toe 토
발뒤꿈치	heel 힐

도움이 되는 단어장 WORD

약국	pharmacy 파머시 (영)chemist's 케미스트	설사	diarrhea 다이아리아	치통	toothache 투쎄익
		감기	cold 콜드	오한	chill 칠
		골절	fracture 프렉철	베임	cut 컷
		삠, 염좌	sprain 스프레인	의약품	medicine 메디슨

151

한국을 소개해 봅시다.

여행지에서 친해진 외국 사람들에게 그 나라 말로 한국을 소개해 봅시다.

_____ 는 한국에서 매우 인기있는 음식입니다.

_____ **is a very popular dish in Korea.**

_____ 이즈 어 베리 파퓰러 디쉬 인 코리아

여행지에서 사람들이 한국에 대해 물어볼 수 있어요.
그럴 땐 조금이라도 한국을 소개해 준다면 좋아할 거예요. 먼저 음식부터!

김밥 Gimbap 김밥 김밥은 밥 위에 각종 재료를 얹어 김으로 말아서 먹는 음식입니다.

Gimbap is a dish that contains rice and other ingredients that are rolled with gim.
김밥   이즈 어 디쉬 뎃 컨테인즈 롸이스 앤 아덜 인그리디언츠 뎃 알 롤드 윗 김

불고기 Bulgogi 불고기 간장과 설탕으로 만든 소스에 소고기와 각종 야채를 볶아서 만든 음식입니다.

Stir-fried dish made of marinated beef with soy sauce, sugar, and various vegetables.
스터 프라이드 디쉬 메이드 어브 메러네이티드 비프 위드 소이 소스 슈거 앤 베어리어스 베지터블즈

비빔밥 Bibimbap 비빔밥 밥위에 다양한 재료를 올리고 고추장 소스와 함께 비벼서 먹는 색이 다채로운 음식입니다.

Colorful dish with the rice topped with various ingredients and occasionally served
컬러풀 디쉬 윗 더 라이스 탑트 윗   베어리어스 인그리디언츠 앤드 오케이저널리 서브드
and mix with gochujang sauce.
앤 믹스 윗 고추장   소스

김치 Kimchi 김치 채소를 소금에 절인 뒤 여러가지 양념으로 버무린 한국의 가장 대표적인 음식입니다.

The signature dish in Korea is made of salted vegetables then fermented with various
더 시그너처 디쉬 인 코리아 이즈 메이드 어브 솔티드 베지터블즈 뎬 퍼멘터드   윋 베어리어스
seasonings.
시즈닝스

삼계탕 Samgyetang 삼계탕 닭과 인삼을 함께 오래 끓여서 먹는 한국 전통 음식입니다.

Traditional Korean dish made of chicken and ginseng that are boiled for a long time.
트러디셔널 코리언 디쉬 메이드 어브 치킨 앤 진셍   뎃 알 보일드 포 어롱 타임

는 한국에서 매우 인기 있는 관광지입니다.

is a very popular sight in Korea.

이즈 어 베리 파퓰러 사이트 인 코리아

 한국의 지명과 관광지는 대부분 한국어 발음 그대로 알려줘도 괜찮기 때문에 소개하기 편합니다. 소개할 장소가 어떤 곳인지를 알아 두어야겠죠?

명동 Myeong-dong 명동 명동은 서울의 대표적인 쇼핑 거리로, 다양한 상점들이 있습니다.

Myeong-Dong is an iconic shopping district with various stores.
명동　　　　이즈 언 아이카닉 샤핑 디스트릭트 위드 베리어스 스토어즈

한강공원 Han River Park 한 리버 파크 한강은 서울에 있는 큰 강으로, 다양한 체험을 할 수 있습니다.

Hangang is a river located in the heart of Seoul that provides various activities.
한강　　이즈 어 리버 로케이티드 인 더 하트 오브 서울 뎃 프로바이즈 베리어스 액티비티즈

인사동 Insadong 인사동 인사동은 서울에서 가장 한국적인 모습을 가지고 있는 곳입니다.

In-sadong shows the most Korean atmosphere in Seoul.
인사동　　쇼우즈 더 모우스트 코리언 앳머스피어　인 소울

제주도 Jeju island 제주 아일랜드 한국에서 가장 큰 섬으로, 다양한 문화 활동을 할 수 있습니다.

The largest island in Korea, you can experience various cultural activities.
더 라지스트 아일런드 인 코리아 유 캔 익스피어리언스 베리어스 컬처럴 액티비티즈

부산 Busan 부산 한국에서 두 번째로 큰 도시로, 바다를 즐길 수 있습니다.

The second-largest city in Korea, you can enjoy the ocean.
더 세컨드　　라지스트 시티 인 코리아 유　캔　엔조이 디 오우션

한국을 소개해 봅시다.

[   ] 는 한국의 전통문화입니다.

[   ] **is a traditional culture of Korea.**

[   ] 이즈 어 트레디셔널 컬쳐 오브 코리아

Point 전통문화를 소개하는 것은 조금 어려울 수도 있지만 제스처로 설명해 주면서 상대방에게 알려 준다면 더 좋아하겠죠?

한복 Hanbok 한복 한국의 전통적인 의상으로, 남자는 저고리와 바지, 여자는 저고리와 치마를 입습니다.

Tradition clothing in Korea that Men's consist of Jeogori and pants,
트레디션 클로징 인 코리아 댓 멘즈 컨시스트 어브 저고리 앤드 팬츠
and Women's consist of Jeogori and skirt.
앤드 위먼즈 컨시스트 어브 저고리 앤드 스커트

사물놀이 samulnori 사물놀이 북, 장구, 꽹과리로 하는 전통 음악 놀이입니다.

Traditional music play which consist of Buk, Janggu, Jing, and Kkwaenggwari.
트레이디셔널 뮤직 플레이 위치 컨시스트 어브 북 장구 징 앤드 꽹과리

판소리 Pansori 판소리 노래와 이야기로 이루어진 한국의 민속 음악입니다.

Korean folklore music which consists of musical storytelling.
코리언 포욱로어 뮤직 위치 컨시스트스 어브 뮤지컬 스토리텔링

태권도 Taekwondo 태권도 손과 발을 이용한 한국의 전통 무예입니다.

Korean martial art using hands and feet.
코리언 마셜 아트 유징 핸즈 앤 핏

한글 Hangeul 한글 한국을 대표하는 문자입니다.

Representative alphabetic system of Korea.
리프러젠테티브 알파베틱 시스템 오브 코리아

한국의 인구는 5200만 정도입니다 [2020년 기준].	**Population of South Korea is estimated at 52 million (2020).** 파퓰레이션 어브 사우쓰 코리아 이즈 에스터메이티드 앳 피프티 투 밀리언
한국의 수도는 서울입니다.	**The capital of South Korea is Seoul.** 더 캐피털 어브 사우쓰 코리아 이즈 서울
여름이 되면, 한국에는 비가 많이 내립니다.	**During the summer time, it rains a lot in Korea.** 듀링 더 써머 타임 잇 뤠인즈 어 랏 인 코리아
남산 서울 타워는 한국의 관광 명소입니다.	**Namsan Seoul Tower is a tourist attraction in Korea.** 남산 서울 타워 이즈 어 투어리스트 어트렉션 인 코리아
BTS는 한국의 유명한 아이돌 그룹입니다.	**BTS is a famous Korean Idol group.** 비티에스 이즈 어 페이머스 코리언 아이돌 그룹
한글은 세종대왕이 만든 한국 고유의 글자입니다.	**Hangul is an intrinsic Korean writing system created by King Sejong.** 한글 이즈 언 인트린식 코리언 롸이팅 시스템 크리에이티드 바이 킹 세종
서울은 산이 많아서 등산을 즐길 수 있습니다.	**Seoul is surrounded by a mountainous landscape that allows hiking experience.** 서울 이즈 써롸운디드 바이 어 마운티너스 랜드스케입 뎃 얼라우즈 하이킹 익스피리언스
한국은 전 세계에서 유일한 분단국가입니다.	**Korea is the only divided country in the world.** 코리아 이즈 디 온니 디바이디드 컨츄리 인 더 월드
김치는 발효 식품으로, 다양한 종류가 있습니다.	**Kimchi is a fermented food, and there are numerous kinds.** 김치 이즈 어 퍼멘티드 푸드 앤 데얼 아 뉴머러스 카인즈
대중교통 환승을 무료로 이용할 수 있습니다.	**Transferring Public transportation is free.** 트랜스퍼링 파블릭 트랜스폴테이션 이즈 프리
한국은 어디에서나 인터넷을 이용할 수 있습니다.	**Internet access is possible anywhere in Korea.** 인터넷 엑세스 이즈 파서블 애니웨얼 인 코리아
한국에서는 늦은 시간까지 음식점이 열려 있습니다.	**In Korea, the restaurants are open late at night.** 인 코리아 더 레스토란츠 아 오픈 레잇 앳 나잇

기본 단어를 자유자재로 써 봅시다.

숫자, 월, 요일이나 시간 등 어떤 상황에도 필요한 기본적인 단어는 사전에 알아 둔다면 여행지에서 아주 편리합니다.

참고

0	1	2	3	4
zero	**one**	**two**	**three**	**four**
지어로우	원	투	쓰리	포어
5	6	7	8	9
five	**six**	**seven**	**eight**	**nine**
파이브	식스	세븐	에잇	나인
10	11	12	13	14
ten	**eleven**	**twelve**	**thirteen**	**fourteen**
텐	일레븐	투엘브	써틴	포틴
15	16	17	18	19
fifteen	**sixteen**	**seventeen**	**eighteen**	**nineteen**
피프틴	식스틴	세븐틴	에이틴	나인틴
20	21	22	30	40
twenty	**twenty-one**	**twenty-two**	**thirty**	**forty**
트웬티	트웬티원	트웬티 투	써티	포티
50	60	70	80	90
fifty	**sixty**	**seventy**	**eighty**	**ninety**
피프티	식스티	세븐티	에이티	나인티
100	1000	10000	10만	100만
hundred	**thousand**	**ten thousand**	**hundred thousand**	**million**
헌드레드	사우전드	텐 사우전드	헌드레드 사우전드	밀리언
2배	3배	첫 번째	두 번째	세 번째
double	**triple**	**first**	**second**	**third**
더블	트리플	퍼스트	세컨드	써드

영어권 숫자의 기본

◆ 11~19중 13-19는 ~teen이 붙습니다.
◆ 네 번째 이후의 서수는 ~th라고 합니다.
◆ twenty, thirty, forty, fifty 철자에 주의.
◆ 1000만은 ten million, 1억은 hundred million이라고 합니다.

월, 계절

1월	2월	3월	4월
January	**February**	**March**	**April**
제뉴어리	페뷰어리	마치	에이프릴
5월	6월	7월	8월
May	**June**	**July**	**August**
메이	쥰	줄라이	어거스트
9월	10월	11월	12월
September	**October**	**November**	**December**
셉템버	악토버	노벰버	디셈버
봄	여름	가을	겨울
spring	**summer**	**autumn**	**winter**
스프링	써머	어텀	윈터

저는 2월 9일에 한국으로 돌아갑니다.

I'm going back to Korea on February 9 th.
아임 고잉 백 투 코리아 온 페뷰어리 나인스

요일

일	월	화	수	목	금	토
Sunday	**Monday**	**Tuesday**	**Wednesday**	**Thursday**	**Friday**	**Saturday**
선데이	먼데이	튜즈데이	웬즈데이	써즈데이	프라이데이	쎄터데이

평일		휴일		국경일		
weekday		**holiday**		**national holiday**		
위크데이		홀리데이		네셔널 홀리데이		

오늘은 [내일은 / 어제는] 무슨 요일인가요?

What day is today[is tomorrow / was yesterday]?
왓 데이 이즈 투데이[이즈 투모로우/워즈 예스터데이]?

오늘은 [내일은 / 어제는] 월요일입니다.

It is Monday today[tomorrow].[It was Monday yesterday.]
잇 이즈 먼데이 투데이[투모로우][잇 워즈 먼데이 예스터데이]

기본 단어를 자유자재로 써 봅시다.

때

아침	정오	저녁	밤	오전
morning	**noon**	**evening**	**night**	**a.m.**
모닝	눈	이브닝	나이트	에이엠
오후	어제	오늘	내일	모레
p.m.	**yesterday**	**today**	**tomorrow**	day after tomorrow
피엠	예스터데이	투데이	투모로우	데이 에프터 투모로우
하루 전	이틀 뒤		세 번째	한 시간
a day before	**two days later**		**third**	**one hour**
어 데이 비포	투 데이즈 레이터		써드	원 아우어

시간

시	분	~30분	~분 전(후)
hour	**minute**	**half past ~**	**~ minutes before[later]**
아우어	미닛	하프 페스트	미닛츠 비포[레이터]

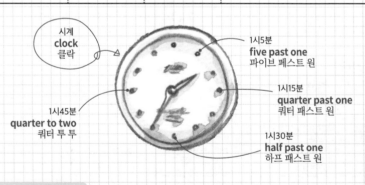

시계
clock
클락

1시5분
five past one
파이브 페스트 원

1시15분
quarter past one
쿼터 패스트 원

1시45분
quarter to two
쿼터 투 투

1시30분
half past one
하프 패스트 원

지금 몇 시인가요?	**What time is it now?** 왓 타임 이즈 잇 나우?
몇 시에 시작하나요?	**What time does it start?** 왓 타임 더즈 잇 스타트?

8시 20분	**eight twenty** 에잇 트웬티	어제 11시	**yesterday at eleven** 예스터데이 엣 일레븐
9시반	**nine thirty** 나인 써티	10시 5분전	**five to ten** 파이브 투 텐
오전 11시	**eleven a.m.** 일레븐 에이엠	15분 후	**fifteen minutes later** 피프틴 미닛츠 레이터

측량 단위의 차이

○길이

미터	인치	피트	야드	마일
1	39.37	3.28	1.094	0.00062
0.025	1	0.083	0.028	0.0000158
0.305	12	1	0.333	0.000189
0.914	36	3	1	0.00057
1609	63360	5280	1760	1

○무게

그램	킬로그램	온스	파운드
1	0.001	0.035	0.002
1000	1	35.274	2.205
28.3495	0.028	1	0.0625
453.59	0.453	16	1

○부피

cc	리터	쿼터	갤런
1	0.001	0.0011	0.00026
1000	1	1.056	0.264
946.36	0.946	1	0.25
3785.4	3.785	4	1

○속도

킬로미터	마일	노트	킬로미터	마일	노트
10	6.2	5.4	60	37.3	32.4
20	12.4	10.8	70	43.5	37.8
30	18.6	16.2	80	49.7	43.2
40	24.9	21.6	90	55.9	48.6
50	31.1	27.0	100	62.1	54.0

쓱싹 영어 강좌

Lesson 문법

영어라고 하면 중학생이나 고등학생 때부터 고민이었던 사람이 많을지도 모르지만, 실제 관광 여행에서는 어려운 문법을 구사하여 의사소통 할 필요는 없습니다. 필요한 것은 상대방에게 자신의 의사를 전달하려는 마음과 약간의 배짱일지도 모릅니다. 부끄러워하지 말고 차근차근 얘기해 봅시다.

1. 영어는 어떤 언어

● 영어는 세계의 공용어

전 세계 60개국 이상, 약 15억 명의 사람들에게 주요 언어 중 하나로 사용되고 있는 언어입니다. 영어권인 나라가 많고, 전 세계 어디를 가도 통용된다는 점에서 간단한 영어를 마스터하는 것은 알찬 해외여행의 첫걸음이라고 할 수 있을 것입니다.

● 영어의 이모저모

'영어'라고 해도 사용되는 나라에 따라 발음이나 표기, 말투에 차이가 있습니다. 특징에 따라 영어를 크게 나누면 미국식 영어, 영국식 영어, 'Aussie English'라고 불리는 호주 영어, 그 밖에 뉴질랜드 영어, 캐나다 영어 등이 있습니다.

2. 대화의 시작은 '5W1H(의문사)'입니다.

누군가에게 무언가를 묻고 싶을 때 필요한 의문사를 외웁시다.

무엇	**What** 왓	이렇게 사용합니다	이것은 무엇입니까? Q What is this? 왓 이즈 디스?
누구	**Who** 후		저 사람은 누구입니까? Q Who is that man? 후 이즈 댓 맨?
어느것	**Which** 위치		어느 것이 더 쌉니까? Q Which is cheaper? 위치 이즈 치퍼?
언제	**When** 웬		다음 쇼는 언제입니까? Q When is the next show? 웬 이즈 더 넥스트 쇼?
어디	**Where** 웨얼		화장실은 어디에 있습니까? Q Where is the restroom? 웨얼 이즈 더 레스트룸?
어떻게, 어느정도	**How** 하우		얼마입니까?(가격을 물을 때) Q How many? 하우 매니?

3. 세 가지 기본 문장을 외워 둡시다.

긍정문, 의문문, 부정문의 기본 문장을 마스터하면 기본적인 대화를 할 수 있습니다.

1. ~입니다

한국어와 어순이 다릅니다.

주어('나는', '당신은' 등) + 동사(입니다) + 목적어 ((으)로, 을)의 어순이 기본이에요.

Q I had an accident.(나는 사고를 당했어요.)
아이 해드 언 엑시던트

I am from Korea. (나는 한국에서 왔어요.)
아이 엠 프롬 코리아

2. ~입니까?

Do[Does]나 be동사를 앞에 놓습니다.

일반동사(like '~가 좋다', have '~를 가지고 있다')의 의문문에서는 Do, Does를 문장 머리에 놓습니다. be동사(is나 are)의 의문문은 be동사를 주어 앞에 놓습니다.

Q Do you have a menu in Korean? (한국어 메뉴가 있나요?)
두 유 헤브 어 메뉴 인 코리언?
Are you Mr. Smith? (스미스 씨 입니까?)
아 유 미스터 스미스?

3. ~가 아닙니다

don't[doesn't]나 not을 사용합니다

일반 동사의 부정문은 동사 앞에 don't, doesn't를, be동사의 부정문일 경우에는 be동사 뒤에 not을 놓습니다.

Q I don't like this color.(이 색이 마음에 들지 않습니다)
아이 돈트 라익 디스 칼라

He is not my friend. (그는 제 친구가 아닙니다)
히 이즈 낫 마이 프렌드

4. 문장 요소를 넣어 말해 봅시다.

전하고 싶은 내용의 뉘앙스를 표현하거나 의미를 추가하거나 회화 표현에 악센트를 넣어 봅시다.

can
캔
~ 할 수 있다

Q I can't understand. (이해할 수 없습니다)
아이 캔트 언더스탠

may
메이
~ 해도 좋다, ~ 일지도 모른다

Q May I take pictures here? (여기서 사진을 찍어도 되나요?)
메 아이 테익 픽처스 히어?

원포인트 과거의 일이나 미래를 말하고 싶을 때는?

기본형	과거형	기본형	과거형
get/겟 (얻다, 사다, 변디 등)	got/갓	buy/바이 (사다)	bought/보트
have/해브 (가지고 있다)	had/해드	come/컴 (오다)	came/캐임
take/테이크 (얻다 등)	took/툭	see/씨 (보다)	saw/쏘
lose/루즈 (없어지다)	lost/로스트	give/기브 (주다)	gave/게이브
make/메이크 (만들다)	made/메이드	find/파인드 (찾다)	found/파운드
go/고우 (가다)	went/웬트	send/센드 (보내다)	sent/센트

동사의 모양을 바꿈으로써, 시제를 나타낼 수 있습니다.

● 과거의 일
영어에는 be동사와 일반동사가 있고 be동사의 과거형은 am과 is는 was, are는 were입니다.
일반동사는 동사마다 변화가 다르지만 play → played 처럼 어미에 -ed를 붙여서 과거형으로 만드는 것이 기본입니다(규칙동사). 독자적인 변화를 하는 불규칙동사도 있습니다. 표의 예를 참고해 주세요.

● 미래의 일
영어에서는, 현재보다 앞의 것은 〈will+동사의 원형〉이나 〈be going to+동사의 원형〉으로 나타냅니다.

단어장

Korean ——→ English

ㄱ		
가게	store/shop 스토어 / 샵	
가격	price 프라이스	
가구	furniture 퍼니쳐	
가구점	furniture store 퍼니쳐 스토어	
가까운	close 클로즈	
가까운	near 니얼	
가능성	possibility 퍼시빌리티	
가려운	itchy 잇취	
가루	powder 파우더	
가방	bag 백	
가수	singer 싱어	
가운데	middle 미들	
가위	scissors 시저스	
가을	autumn/fall 어텀/펄	
가이드 요금	guiding fee 가이딩 피	
가이드 투어	guided tour 가이드 투어	

가이드북	guide book 가이드 북
가정부	maid 메이드
가족	family 패밀리
가죽	leather 레더
가죽 재킷	leather jacket 레더 재킷
가죽 제품	leather product 레더 프러덕트
가짜	fake 페이크
각광	foot light 풋 라이트
간격	interval 인터벌
간단한	easy 이지
간식	snack 스낵
간이식당	snack bar 스낵바
간장	soy sauce 소이 소스
간직하다	keep 킵
간호사	nurse 널스
갈아입다	change 체인지
감기	cold 콜드

감기약	cold medicine 콜드 메디슨
감기에 걸리다	get cold 겟 콜드
감사하다	thank 땡크
감자	potato 포테이토
값	cost 코스트
강	river 리버
강도	robbery 라버리
강사 (대학의)	lecturer 렉쳐러
강설	snowfall 스노우 펄
강의	lecture 렉쳐
강인한	tough 터프
개	dog 도그
개관(개점) 시간	opening hours 오프닝 아워즈
개성	personality 펄스널리티
개인용	personal use 펄스널 유즈
개인용 컴퓨터(PC)	personal computer 펄스널 컴퓨터
개찰구	ticket gate 티킷 게이트

객실	cabin 캐빈		건축가	architect 아키텍트		계단	stairs/steps 스테얼스/ 스텝스
객실	compartment 컴파트먼트		걷다	walk 워크		계란	egg 에그
거래하다	trade 트레이드		걸다	hang 행		계산기	calculator 컬큘레이터
거리	distance 디스턴스		검사	examination 이그재미네이션		계산서	bill 빌
거리	street 스트릿		검역	quarantine 쿼런틴		계산하다	calculate 컬큘레이트
거리에서	on the street 온 더 스트릿		검은색	black 블랙		계속하다	continue 컨티뉴
거북	turtle/tortoise 터틀/ 토어터스		겉옷	coat 코트		계약금	down payment 다운 페이먼트
거스름돈	change 체인지		게시판	bulletin board 불리튼 보드		계약서	contract 컨트렉트
거울	mirror 미러		게임	game 게임		계절	season 시즌
거절하다	refuse 리퓨즈		겨울	winter 윈터		계정,계좌	account 어카운트
거주자	resident 레지던트		견/실크	silk 실크		계좌번호	account number 어카운트 넘버
거즈	gauze 거즈		결혼	marriage 메리지		계획	plan 플랜
거짓말	lie 라이		경기장	stadium 스태디움		고객	customer 커스터머
건강	health 헬스		경비	guard 가드		고급	high class 하이 클래스
건강한	healthy 헬씨		경제	economy 이커너미		고등학생	high school student 하이스쿨 스튜던트
건물	building 빌딩		경찰	police 폴리스			
건배	toast/cheers 토스트/ 치얼스		경찰관	police officer 폴리스 오피서		고래	whale 웨일
건성피부	dry skin 드라이 스킨		경찰서	police station 폴리스 스테이션		고르다	choose 츄즈
건전지	dry battery [cell] 드라이 배터리 [셀]		경치	scene/scenery 씬/씨너리		고립된	isolated 아이솔레이티드
건축	architecture 아키텍쳐		경치	view 뷰		고무	rubber 러버

고속도로	freeway/expressway 프리웨이/익스프레스웨이	공사	construction 컨스트럭션	과세	taxation 택세션
		공사 중	under construction 언더 컨스트럭션	과일	fruit 프룻
고양이	cat 캣	공석	vacancy 베이컨시	과자	snack 스낵
고원	highland 하이랜드	공석	vacant seat 베이컨트 씻	관광	sightseeing 사이트씨잉
고장나다	break down 브레익 다운	공연	performance 퍼포먼스	관광버스	sightseeing bus 사이트씨잉 버스
고장난	out of order 아웃 오브 오더	공연	show 쇼	관광여행	sightseeing tour 사이트씨잉 투어
고추	red pepper 레드 페퍼	공연 중인	during the performance 듀링 더 퍼포먼스	관광지	tourist spot 투어리스트 스팟
고층빌딩	skyscraper 스카이스크레퍼			관광 팸플릿	sightseeing brochure 사이트씨잉 브로셔
고혈압	high blood pressure 하이 블러드 프레셔	공예품 가게	folk craft shop 포크 크래프트 샵		
		공용샤워실	shared shower 셰어드 샤워	관내지도	floor map 플로어 맵
곧은	straight 스트레이트	공원	park 파크	관리	management 매니지먼트
골절	fracture 프렉쳐	공인환전소	certified money exchanger 서티파이드 머니 익스체인저	관리인	manager 매니저
골프	golf 골프			관세	customs 커스텀스
골프공	golf ball 골프 볼	공중 목욕탕	public bath 퍼블릭 배스	관현악단	orchestra 오케스트라
골프 코스	golf course 골프 코스	공중전화	pay phone 페이 폰	광고	advertisement 애드벌타이즈먼트
공공요금	utilities/utility bill 유틸리티/유틸리티 빌	공중화장실	public restroom 퍼블릭 레스트룸	괜찮은	OK 오케이
공공화장실	public toilet 퍼블릭 토일렛	공항	airport 에어포트	교과서	textbook 텍스트북
공교롭게도	unfortunately 언폴처너틀리	공항세	airport tax 에어포트 택스	교사	teacher 티처
공기	air 에어	곶	cape 케이프	교실	classroom 클래스룸
공부하다	study 스터디	과로하다	overwork 오버워크	교외	suburb 서버브

교육	education 에듀케이션		국경일	national holiday 네셔널 홀리데이		귀금속	noble metal 노블 메탈
교차로	floater 플로터		국기	national flag 네셔널 플래그		귀금속상	jewelry store 쥬얼리 스토어
교통사고	traffic accident 트래픽 엑시던트		국내의	domestic 더메스틱		귀여운	cute 큐트
교통체증	traffic jam 트래픽 잼		국내항공사	domestic airline 더메스틱 에어라인		귀중품	valuables 밸류어블스
교환	exchange 익스체인지		국도	national route 네셔널 루트		귀중품 보관소	safe deposit box 세이프 디파짓 박스
(전화) 교환원	(itelephone) operator (텔레폰) 오퍼레이터		국립공원	national park 네셔널 파크		규칙	rule 룰
			국립의	national 네셔널		그다지 비싸지 않다	not very expensive 낫 베리 익스펜시브
교회	church 처치		국산맥주	domestic beer 더메스틱 비어		그램	gram 그램
구간	section 섹션		국적	nationality 네셔널리티		그렇게, 그다지	not very 낫 베리
구급차	ambulance 엠뷸런스		국제	international 인터네셔널		그리다	draw 드로우
구름	cloud 클라우드			international flight 인터네셔널 플라잇		그림	painting 페인팅
구명조끼	life jacket 라이프 재킷		국제선				
구분	division 디비전					그저께	the day before yesterday 더 데이 비포 예스터데이
구석 자리	seat in the corner 씻 인 더 코너		국제 운전 면허증	international driver's license 인터네셔널 드라이버스 라이센스			
구역	area 에어리어					극장	theater 띠어터
구역질	nausea 너지아		국제전화	international call 인터네셔널 콜		근육	muscle 머슬
구입	purchase 펄체스		굴뚝	chimney 침니		금(금의)	gold 골드
구토주머니	sick bag 씩 백		굽다	bake 베이크		금연	no smoking 노 스모킹
국가	country/nation 컨트리/네이션		궁전	palace 팰리스		금연석	nonsmoking seat 넌스모킹 씻
국경	border 보더		권투	boxing 박싱		금연차	nonsmoking car 넌스모킹 카
			귀걸이	earring 이어링		급하다	hurry 허리

급행요금	express charge 익스프레스 차지	기사	engineer 앤지니어	껌	chewing gum 츄잉 검
기간	period 피어리오드	기술	technology 테크널러지	꽃	flower 플라워
기계	machine 머신	기억하다	remember 리멤버	꽃집	flower shop 플라워 샵
기관지염	bronchitis 브랑카이터스	기억하다	remember/have ~in mind 리멤버 / 해브 ~인 마인드	꽉 조이는	tight 타이트
기구	equipment 이큅먼트			꿀	honey 허니
기내 수하물	carry-on baggage 캐리 온 배기지	기차	train 트레인	꿈	dream 드림
기내 휴대용 수하물	carry-on baggage 캐리 온 배기지	기온	temperature 템퍼러쳐	끝나다	end 앤드
기내식	in-flight meal 인 플라잇 밀	기차역	train station 트레인 스테이션	**ㄴ**	
기념비	monument/ memorial 마뉴먼트 / 머모리얼	기침하다	cough 커프	나라	country 컨트리
		기타	guitar 기타	나비	butterfly 버터플라이
기념우표	commemorative stamp 커멤러티브 스탬프	기후	climate 클라이맷	나이트클럽	nightclub 나이트클럽
		긴급	emergency 이멀전시	나일론	nylon 나일런
기념일	anniversary 에니버서리	긴급한	urgent 얼전트	난방기	heater 히터
기념품	souvenir 수버니어	긴팔옷	long sleeves 롱 슬리브즈	날씨	weather 웨더
기념품점	souvenir shop 수버니어 샵	길	road 로드	날씬한	slim 슬림
기다리다	wait 웨잇	길	route 루트	날짜	date 데이트
기록	record 레코드	길다	long 롱	남녀	men and women 맨 엔 위민
기름	oil 오일	길을 잃다	get lost 겟 로스트	남성복 매장	men's clothing store 맨스 클로딩 스토어
기부	donation 도네이션	깨끗한	clean 클린		
기사	article 아티클	깨지기 쉬운	breakables 브레이커블스	남성용	men's 맨스

남자	man 맨	냅킨	napkin 냅킨	뇌진탕	concussion 컨커션
남쪽	south 사우스	냉장고	refrigerator 리프레저레이터	눈	snow 스노우
남편	husband 허즈밴드	너무 아프다	hurt so bad 헐트 소 뱃	눕다	lie 라이
납으로 된	leaded 리디드	네트	net 넷	뉴스	news 뉴스
내과 의사	physician 피지션	넥타이	tie 타이	뉴질랜드	New Zealand 뉴질랜드
내기하다	bet 뱃	노란색	yellow 옐로우	뉴질랜드인	New Zealander 뉴질랜더
내년	next year 넥스트 이어	노래	song 송	느슨한	loose 루즈
내리다	get off/ get out of 겟 오프 / 겟 아웃 오브	노래방	karaoke 캐러오키	늦게 도착 하다	arrive late 어라이브 레잇
		노래하다	sing 씽	**ㄷ**	
내선	extension 익스텐션	노선도	route map 노선도	다도	tea ceremony 티 세레모니
내선전화	house phone 하우스 폰	노인	elders 엘더스	다루다	handle 핸들
내용물	content 컨텐트	노트북	laptop 랩탑	다리	bridge 브릿지
내일	tomorrow 트마로우	놀다	play 플레이	다시	again 어게인
내일 밤	tomorrow night 트마로우 나이트	놀라게하다	surprise 서프라이즈	다시 전화하다	call back 콜백
내일 오후	tomorrow afternoon 트마로우 애프터눈	놀이동산	amusement park 어뮤즈먼트 파크	다양한	various 베리어스
		농가	farm 팜	다음	next 넥스트
내일 저녁	tomorrow evening 트마로우 이브닝	농담	joke 조크	다음달	next month 넥스트 먼스
냄비	pan(프라이팬)/ pot(냄비) 팬 / 팟	농업	agriculture 어그리컬쳐	다음주	next week 넥스트 위크
		놓치다	miss 미스	다이아몬드	diamond 다이아몬드
냄새가 나다	smell 스멜	뇌졸중	stroke 스트로크	단단한	hard 하드

단어	word 워드	대사관	embassy 엠버시	도로지도	road map 로드 맵
단체	group 그룹	대성당	cathedral 카쎄드랄	도보로	on foot 온 풋
단체여행	group tour 그룹투어	대실료	room charge 룸 차지	도서관	library 라이브러리
단추	button 버튼	대통령	President 프레지던트	도시	city 시티
단풍	autumn leaves 어텀 리브즈	대학	college 컬리지	도시락	boxed lunch 박스드 런치
닫다	close 클로즈	대학생	college student 컬리지 스튜던트	도시의	urban 얼번
달	moon/month 문 / 먼쓰	대형차	large vehicle 라지 비히클	도시 중심가	the center of the city 더 센터 오브 더 시티
달걀 프라이	sunny side up 써니 사이드 업	대화	conversation 컨벌세이션		
달다	sweet 스윗	더 나은	better 베러	도심지	downtown 다운타운
달력	calendar 캘린더	더러운	dirty 더티	도움	help 헬프
담배	tobacco 타바코	더블 룸	double room 더블 룸	도자기	pottery 포터리
담요	blanket 블랭킷	더 싼	cheaper 치퍼	도자기 가게	pottery shop 포터리 샵
답신하다	reply 리플라이	더 작은	smaller 스몰러	도착	arrival 어라이벌
당기다	pull 풀	더 큰	bigger 비거	도착 시간	arrival time 어라이벌 타임
당뇨병	diabetes 다이어비티즈	데리러 가다	pick up 픽업	도착하다	arrive 어라이브
당일치기 여행	one-day trip 원 데이 트립	도구	tool 툴	독립된	independent 인디펜던트
대기실	waiting room 웨이팅 룸	도난증명서	certificate of the theft 서티피케잇 오브 더 띠프	독서등	reading light 리딩 라이트
대기자 명단 에 실린	on a waiting list 온 어 웨이팅 리스트			돈	money 머니
대답하다	answer 앤서	도둑	thief 띠프	돌다	turn 턴
대로	avenue 에비뉴	도로	road 로드	돌아오다	come back 컴 백

돌아오다	get back 겟 백
돌아오다	return 리턴
돕다	help 헬프
동료	colleague 컬리그
동물	animal 애니멀
동물원	zoo 주
동상	bronze statue 브론즈 스테츄
동상	statue/figure 스태츄 / 피겨
동일한	same 세임
동전 반환 레버	coin return lever 코인 리턴 레버
동전	coin 코인
동전지갑	change purse 체인지 펄스
동전투입구	slot 슬롯
동쪽	east 이스트
된장	soybean paste 소이빈 페이스트
두고 가다	leave 리브
두꺼운	thick 띡
두드러기	hives 하이브즈
두통	headache 헤드에익
둥근	round 라운드

뒤에	behind 비하인드
뒤쪽의	back 백
뒤처지다	get behind 겟 비하인드
드라이기	hair dryer 헤어 드라이어
드라이클리닝	dry cleaning 드라이 클리닝
드라이하다	blow-dry 블로우 드라이
드레스	dress 드레스
드레스코드	dress code 드레스 코드
드물다, 희귀하다	unusual 언유주얼
듣다	hear/listen to 히얼 / 리슨 투
들어가다	enter 엔터
등	back 백
등급, 학급	class 클래스
등기우편	registered mail 레지스털드 메일
등록하다	register 레지스터
디자이너	designer 디자이너
디자인	design 디자인
디저트 숟가락	dessert spoon 디저트 스푼
디지털 카메라	digital camera 디지털 캐머라
딜러	dealer 딜러

따뜻하다	warm 웜
따로	separately 세퍼레이틀리
따로 지불하다	pay separately 페이 세퍼레이틀리
딸	daughter 도터
땀	sweat 스웻
떨어뜨리다	drop 드랍
뜨거운	hot 핫

ㄹ

라디오	radio 레디오
라벨	label 레이블
라운지	lounge 라운지
라이터	lighter 라이터
라켓	racket 라켓
랜드마크	landmark 랜드마크
레일패스	rail pass 레일 패스
레코드숍	record store 레코드 스토어
레코드점	CD store 씨디 스토어
렌즈	lens 렌즈
렌터카	rent-a-car 렌터카
로마자	Roman letters 로만 레터스

169

~로 만들어진	be made of~ 비 메이드 어브	마지막 기차	last train 라스트 트레인	망치다	ruin 루인
로비	lobby 로비	마지막의	last 라스트	맡겨진 수화물	checked baggage 체키드 배기지
룰렛	roulette 룰럿	막간	intermission 인터미션	맡기다	entrust 앤트러스트
룸메이트	roommate 룸메이트	막다른 길	dead end 데드 엔드		
룸서비스	room service 룸 서비스	막차	last train 라스트 트레인	맡다	keep 킵
룸서비스 가격	room service charge 룸 서비스 차지	만나다	meet 미트	매니큐어	manicure 매니큐어
리무진	limousine 리무진	만석	full house 풀 하우스	매트리스	mattress 매트리스
린스	hair conditioner 헤어 컨디셔너	만족	satisfaction 세티스펙션	매표소	ticket booth 티킷 부스
립스틱	lipstick 립스틱	만화	animation 애니메이션	매표소	ticket shop 티킷 샵
	◻	만화	comic 코믹	맥박	pulse 펄스
마개	stopper 스타퍼	많은	many 메니	맥주	beer 비어
마늘	garlic 갈릭	말	horse 홀스	맨 앞줄	front row 프런트 로우
마멀레이드	marmalade 마멀레이드	맛	taste 테이스트	맹장염	appendicitis 어펜디사이티스
마스크	mask 매스크	맛이 신	sour 사워	머리빗	hairbrush 헤어브러시
마시다	drink 드링크	맛이 쓴	bitter 비터	머리카락	hair 헤어
마요네즈	mayonnaise 매요네즈	맛이 없는	distasteful/ taste bad 디스테이스트풀 / 테이스트 배드	머무르다	stay 스테이
마을	village 빌리지			머스터드	mustard 머스터드
마일리지	mileage 마일리지	맛이 짠	salty 솔티	먹다	eat 잇
마중과 전송	pick up and drop-off 픽업 앤 드랍오프	맛있는	delicious 딜리셔스	먼	far 퍼
		맛있는	tasty 테이스티	멀미	motion sickness 모션 식니스

멍들다	bruise 브루즈	모자	hat 햇	무릎	ankle 앵클
메뉴	menu 메뉴	모퉁이	corner 코너	무색소	no coloring 노 컬러링
메시지	message 메세지	모피	fur 퍼	무엇이나	anything 애니띵
며칠 묵다	stay for a few nights 스테이 포 어 퓨 나이츠	목	neck 넥	무제한의	unlimited 언리미티드
면	cotton 코튼	목걸이	necklace 네클리스	무지의	plain 플레인
면	noodle 누들	목록	list 리스트	무첨가물	no additives 노 에디티브스
면도	shaving 쉐이빙	목소리	voice 보이스	무효	invalidity 인벌리디티
면도기	razor 레이저	목욕	bath 배쓰	묵다	stay 스테이
면세	duty free 듀티프리	목욕수건	bath towel 배쓰 타올	문	door 도어
면세점	duty-free shop 듀티 프리 샵	목이 따갑다	have a sore throat 헤브 어 소어 뜨롯	문방구	stationer's 스테이셔널스
면세품	duty-free goods 듀티 프리 굿즈	목적지	destination 데스티네이션	문을 닫음	closing 클로징
면제품	cotton material 코튼 머티리얼	몸	body 바디	문제	trouble 트러블
명성	fame 페임	묘지	cemetery 세메터리	문화	culture 컬쳐
명소	sights 싸이츠	무거운	heavy 헤비	물	water 워터
모닝콜	wakeup call 웨이크업 콜	무게	weight 웨이트	물가	prices 프라이서즈
모두	all 올	무늬	pattern 패턴	물웅덩이	puddle 퍼들
모레	the day after tomorrow 더 데이 애프터 투모로우	무대	stage 스테이지	물을 내리다	flush 플러시
		무대장치	set 세트	물품보관소	cloak 클로크
모양	form 폼	무료의	free/complimentary 프리 / 컴프리멘터리	물품보관함	locker 라커
				뮤지컬	musical 뮤지컬

미국	U.S.A 유에스에이	바람	wind 윈드	발달	development 디벨롭먼트
미국의	American 아메리칸	바람이 불다	blow 블로우	발레	ballet 발래
미끄러운	slippery 슬리퍼리	바로	immediately 이미디엇틀리	발신인	sender 샌더
미니바	minibar 미니바	바쁜	busy 비지	발코니	balcony 발코니
미디움 사이즈	medium size 미디움 사이즈	바위	rock 락	밝다	bright 브라이트
미아	lost child 로스트 차일드	바지	pants/trousers 팬츠 / 트로우저스	밤	night 나이트
미용실	beauty salon 뷰티 살롱	박물관	museum 뮤지엄	방 번호	room number 룸 넘버
미용실	esthetic salon 에스테틱 살롱	박수	applause 어플러즈	방 열쇠	room key 룸 키
미지근한	lukewarm 루쿼엄	반	half 하프	방	room 룸
민감성피부	sensitive skin 센서티브 스킨	반대쪽	the other side 디 아더 사이드	방문하다	visit 비짓
밀	wheat 윗	반대하다	object 오브젝트	방법	way 웨이
밀가루	flour 플라워	반입금지 물품	prohibited items 프로히비티드 아이템스	방향	direction 디렉션
밀다	push 푸쉬	반지	ring 링	배	ship 쉽
ㅂ		반창고	adhesive bandage 어드히시브 밴드에이지	배고픈	hungry 헝그리
바	bar 바	반창고	bandage 밴드에이지	배기 가스	exhaust gas 익스허스트 개스
바구니	basket 베스킷	반팔	short sleeves 쇼트 슬리브즈	배달하다	deliver 딜리버
바뀌다	change 체인지	반환	by return 바이 리턴	배우(남)	actor 액터
바다	sea 씨	받다	receive 리시브	배우(여)	actress 액트리스
바닥	bottom 바텀	받아들이다	accept 엑셉트	배터리	battery 배터리
바둑	go 고우	발	foot 풋	배표	boat ticket 보트 티켓

한국어	영어		한국어	영어		한국어	영어
백화점	department store 디파트먼트 스토어		변호사	lawyer 로이어		복도자리	aisle seat 아일 씻
밴(자동차)	van 밴		별	star 스타		복사	copy 카피
뱃멀미	seasick 씨씩		별도 계산	separate checks 세퍼레잇 체크		복숭아	peach 피치
버스	bus 버스		별도 요금	extra charge 엑스트라 차지		복제 열쇠	key copy 키 카피
버스 노선도	bus route map 버스 루트 맵		병	bottle 바틀		복통	stomachache 스토메케익
버스 정류장	bus stop 버스 스탑		병원	hospital 허스피탈		볼펜	ballpoint pen 볼포인트 펜
버스터미널	bus station 버스 스테이션		보내다	send 샌드		봄	spring 스프링
버터	butter 버터		보다	see/watch 씨 / 와치		봉투	envelope 인벨롭
번(빵)	bun 번		보드카	vodka 보드카		부가가치세 (VAT)	value-added tax 벨류 에디드 택스
번호	number 넘버		보상	compensation 컴펜세이션		부두	pier 피어
벌레	insect 인섹트		보상하다	compensate 컴펜세이트		부모	parents 패어런츠
법	law 로		보석	jewel 쥬얼		부엌	kitchen 키친
벚나무	cherry(blossom) 체리 (블러썸)		보증금	deposit (advance money) 디파짓(어드밴스 머니)		부족	lack 레
베개	pillow 필로우					부츠	boots 부츠
벤치	bench 벤치		보증서	guarantee/ warranty 게런티 / 워런티		부탁	request 리퀘스트
벨트	belt 벨트					북쪽	north 노스
벽	wall 월		보행자 우선	yield to pedestrians 일드 투 페데스트리안스		분말우유	powdered milk 파우더드 밀크
벽지	wallpaper 월페이퍼					분실물	lost article 로스트 아티클
변비약	laxative 렉서티브		보험	insurance 인슈어런스		분실신고서	lost baggage report 로스트 배기지 리포트
변압기	transformer 트랜스포머		보험 회사	insurance company 인슈어런스 컴퍼니			

173

분위기	atmosphere 엣모스피어	비용	expense 익스펜스	사건	event 이벤트
분쟁	trouble 트러블	비자	visa 비자	사고	accident 엑시던트
불	fire 파이어	비정상적인	abnormal 엡노멀	사고 증명서	certificate of the accident 서티피케잇 오브 디 엑시던트
불량품	defective goods 디펙티브 굿즈	비행기	airplane 에어플레인		
불평	complaint 컴플레인트	비행기 티켓	plane ticket 플래인 티켓	사기	fraud 프러드
뷔페	buffet 버페	비행기 편명	flight number 플라잇 넘버	사다	buy 바이
브래지어	bra 브라	비행편	flight 플라잇	사다리	ladder 레더
브랜드	brand 브랜드	빈	empty 엠티	사막	desert 데저트
브레이크	brake 브레이크	빈 방	vacant room 베컨트 룸	사무실	office 오피스
블라우스	blouse 블라우스	빈혈	anemia 어니미아	사슬	chain 체인
블록	block 블락	빌려주다	lend 렌드	사실은	actually 엑츄얼리
비	rain 레인	빌리다	borrow 바아로우	사용료	user's fee 유저스 피
비누	soap 숍	빗	comb 콤브	사용중	in use 인 유즈
비디오 카메라	video camera 비디오 캐머러	빛	light 라이트	사용 중인	occupied 아켜파이드
비밀번호	PIN(personal identification number) 핀(퍼스널 아이덴티피케이션 넘버)	빨갛다	red 레드	사우나	sauna 사우나
		빨다	wash 워시	사원	temple 템플
비번	off duty 오프 듀티	빨대	straw 스트로우	사이즈	size 사이즈
비상구	emergency exit 이멀전시 엑싯	빵	bread 브레드	사이클링	cycling 사이클링
비상버튼	emergency button 이멀전시 버튼	뼈	bone 본	사장	president 프레지던트
비싼	expensive 익스펜시브	**ㅅ**		사적지	historic site 히스토릭 사이트

174

사전	dictionary 딕셔네리	상세	detail 디테일	생리용품	sanitary protection 새니테리 프로텍션
사진	photograph 포토그래프	상업지역	shopping area 샤핑 에어리아	생리통	cramps 크램스
사진	picture 픽처	상연	performance 퍼포먼스	생물	creature 크리어쳐
사진관	photo studio 포토 스튜디오	상자	box 박스	생산지	production area 프로덕션 에어리어
사진 촬영 금지	no photography allowed 노 포토그래피 얼로우드	상처	wound/injury/ hurt 오운드/인저리/ 헐트	생선	fish 피쉬
				생수	mineral water 미네랄 워터
사촌	cousin 커즌	상표	brand 브랜드	생일	birthday 버쓰데이
사탕	candy 캔디	(홍보용) 상품	merchandise 멀천다이즈	샤워	shower 샤워
사회복지	social welfare 소셜 웰페어	상품	goods 굿즈	샤워실 포함	with a shower 윗 어 샤워
산	mountain 마운틴	상하다	go bad 고 배드	샴푸	shampoo 샴푸
산부인과 의사	gynecologist 기너컬러지스트	상황	situation 시츄에이션	서류	document 다큐먼트
산소마스크	oxygen mask 옥시전 매스크	새	bird 버드	서명	signature 시그니쳐
산쪽의	mountain side 마운틴 사이드	새롭다	new 뉴	서비스	service 서비스
산책하다	take a walk 테이크어웍	새우	shrimp 슈림프	서비스요금	service charge 서비스 차지
살다	live 리브	색	color 컬러	서점	bookstore 북스토어
삶은 달걀	boiled egg 보일드 에그	샌드위치	sandwich 샌드위치	서쪽	west 웨스트
삼,대마	hemp 헴프	샐러드	salad 샐러드	서커스	circus 서커스
삼각대	tripod 트라이팟	생강	ginger 진저	서핑	surfing 서핑
삼촌	uncle 엉클	생년월일	date of birth 데이트 오브 버쓰	선물	present 프레젠트
상대	counterpart 카운터파트	생리대	sanitary napkin 새니테리 냅킨	선박 우편	by sea mail 바이 씨 메일

175

선불	advance payment/ prepayment 어드벤스 페이먼트/ 프리페이먼트	세관신고서	customs declaration form 커스텀스 디클러레이션 폼	소년	boy 보이
선술집	tavern 태번	세금	tax 택스	소도구	props 프랍스
선장	(ship) captain (쉽) 캡틴	세금을 내다	pay a tax 페이 어 택스	소독제	antiseptict 엔터셉틱
선크림	sunscreen 선스크린	세부사항	details 디테일스	소리	sound 사운드
선탠	sun tan 선 탠	세제	detergent 디털견트	소매	sleeve 슬리브
선풍기	fan 팬	세탁	laundry 런드리	소매치기	pickpocket 픽파켓
설명서	instructions 인스트럭션스	세탁기	washing machine 워싱 머신	소방서	fire station 파이어 스테이션
설사	diarrhea 다이아리아	세탁 버튼	wash button 워시 버튼	소설	novel 나벌
설탕	sugar 슈거	세탁비	cleaning charge 클리닝 차지	소식	announcement 어나운스먼트
섬	island 아일랜드	세트	set 셋	소유물	belongings 빌롱잉스
섬광	flash 플래시	세트 메뉴	set menu 셋 메뉴	소재	material 머티어리얼
성	castle 캐슬	셀프서비스	self-service 셀프 서비스	소파	couch 카우치
성	family name 패밀리 네임	셔츠	shirt 셔츠	소파	sofa 소파
성명	name 네임	셔터	shutter 셔터	소프라노	soprano 소프라노
성별	sex 섹스	셰어 룸	shared room 셰어드 룸	소형차	compact car 컴팩트 카
성인	adult 어덜트	소개하다	introduce 인트로듀스	소화불량	indigestion 인다이제스쳔
세계	world 월드	소고기	beef 비프	속달	special delivery 스페셜 딜리버리
세계 유산	world heritage 월드 헤리티지	소금	salt 솔트	속도계	speedometer 스피다미터
세관	customs 커스텀스	소녀	girl 걸	속옷	underwear 언더웨어

손님	guest/customer/passenger 게스트/ 커스터머/ 패슨저	수상	Prime Minister 프라임 미니스터	수하물 보관증	baggage claim tag 배기지 클레임 태그
손님	guest 게스트	수상한	suspect 서스펙트	수하물 보관증	claim tag 클레임 태그
손목시계	watch 왓치	수수료	charge 차지	수하물 인수	baggage pickup 배기지 픽업
손수건	handkerchief 행커칩	수수료	fee 피	수하물 임시 보관소	baggage claim (area) 배기지 클레임 (에어리아)
손자	grandchild 그랜드 차일드	수술	operation 오퍼레이션		
손전등	flashlight 플래시 라이트	수신자 부담 전화	collect call 컬렉트 콜	수하물	luggage/baggage 러기지 / 배기지
손톱	nail 네일	수신처	shipping address 쉬핑 애드레스	수하물표	baggage check 배기지 체크
손톱깎이	nail clipper 네일 클리퍼	수업료	tuition 튜이션	수혈	blood transfusion 블러드 트랜스퓨션
솔직한	frank 프랭크	수영	swimming 스위밍	수화기	receiver 리시버
쇼핑	shopping 샤핑	수영복	swim suit 스윔 수트	숙박료	hotel room rate 호텔 룸 레이트
쇼핑몰	shopping mall 샤핑 몰	수영장	swimming pool 스위밍 풀	숟가락	spoon 스푼
쇼핑센터	shopping center 샤핑 센터	수영하다	swim 스윔	술	liquor 리큐어
수건	towel 타올	수전	faucet 포셋	숨	breath 브리드
수다떨다	chat 쳇	수정	crystal 크리스탈	숨쉬다	breathe in 브리딘
수도	capital 캐피털	수정하다	modify 모디파이	숫자	figure 피겨
수도원	abbey 애비	수족관	aquarium 아쿠아리움	숫자	number 넘버
수리하다	repair 리페어	수채화	water painting 워터 페인트	숲	forest 포레스트
수면 부족	lack of sleep 렉 오브 슬립	수취인	receiver 리시버	쉬운	easy 이지
수면제	sleeping pill 슬리핑 필	수치	figure 피겨	슈트	suit 수트
		수표	check 체크		

177

슈퍼마켓	supermarket 슈퍼마켓	습한	humid 휴미드	시도하다	try 트라이
스웨터	sweater 스웨터	승강기	elevator 엘리베이터	시리얼	cereal 시리얼
스위치	switch 스위치	승객	passenger 패슨저	시설	facilities 퍼실리티스
스위트룸	suite 스위트	승마	horse riding 홀스 라이딩	시외 전화	toll call 톨 콜
스카치테이프	Scotch tape 스카치 테입	승무원	steward(남)/ stewardess(여) 스튜어드/ 스튜어디스	시원한	cool 쿨
스카프	scarf 스카프			시작하다	begin/start 비긴/스타트
스케치 금지	no sketching allowed 노 스케칭 얼로우드	승선하다	board a ship 보드 어 쉽	시장	market 마켓
스크램블에그	scrambled egg 스크램블드 에그	승차권 판매기	ticket vending machine 티켓 밴딩 머신	시차	time difference 타임 디프런스
스키	skiing 스키잉	시가	cigar 시가	시청	city hall 시티홀
스타일	figure/style 피규어/스타일	시가지	city/town 시티/타운	시트	sheet 시트
스타킹	stockings 스타킹	시간	time 타임	식기	dishes/ tableware 디쉬즈/ 테이블웨어
스탠드	stand 스탠드	시간표	timetable 타임테이블		
스테이플러	stapler 스테이플러	시계	clock 클락	식기점	tableware store 테이블 스토어
스포츠	sports 스포츠	시계방	clock shop 클락 샵	식당	restaurant/ dining room 레스토랑/ 다이닝 룸
스포츠 용품점	sporting-goods store 스포팅 굿츠 스토어	시골	countryside 컨트리사이드		
		시끄러운	noisy 노이지	식당칸	dining car 다이닝 카
슬리퍼	slippers 슬리퍼스	시내에	in the city 인 더 시티	식대	dining bill 다이닝 빌
슬픈	sad 새드	시내 전화	local call 로컬 콜	식료품점	grocery store 그로셔리 스토어
습관	custom 커스텀	시내 지도	street map 스트릿 맵	식물	plant 플랜트
				식물원	botanical garden 보테니컬 가든

식사	meal 밀	신청서	registration form 레지스트레이션 폼	쓰레기통	waste basket 웨이스트 배스킷	
식욕	appetite 에피타이트	신호등	traffic light 트래픽 라이트	씻다	wash 워시	
식중독	food poisoning 푸드 포이즈닝	신혼여행	honeymoon 허니문		ㅇ	
식초	vinegar 비너거	실	thread 쓰레드	아기	baby 베이비	
식탁	table 테이블	실수하다	mistake 미스테이크	아동복	children's clothes 칠드런스 클로즈	
식탁보	tablecloth 테이블 클로쓰	실업	unemployment 언임플로이먼트	아들	son 선	
신	god 갓	실패하다	fail 페일	(~의)아래	under~ 언덜	
신고	declaration 디클러레이션	싫어하다	hate 헤이트	아래	down 다운	
신고서	declaration card 디클러레이션 카드	심야	late at night 레잇 엣 나이트	아래의	below 빌로우	
신고하다	declare 디클레어	심장	heart 하트	아래층	downstairs 다운스테어스	
신년	new year 뉴 이어	싱글 룸	single room 싱글 룸	아르바이트	part-time job 파트타임 잡	
신문	newspaper 뉴스페이퍼	싸게 사는 물건	bargain 바겐	아름다운	beautiful 뷰티풀	
신발	shoes 슈즈	싼	cheap 칩	아버지	father 파더	
신발가게	shoe store(shop) 슈 스토어 [샵]	쌀	rice 라이스	아스피린	aspirin 아스피린	
신분증명서	identification card 아이덴티피케이션 카드	쌀쌀한	chill 칠	아울렛	outlet 아울렛	
		쌍안경	binoculars 비나큘러스	아이	child 차일드	
신선식품	fresh food 프래시 푸드	썩은	rotten 로튼	아이스크림	ice cream 아이스크림	
신선한	fresh 프레쉬	쓰다	write 롸이트	아이스하키	ice hockey 아이스하키	
신용 카드	credit card 크레딧 카드	쓰레기	trash 트래쉬	아침	morning 모닝	
신이 난	excited 익사이티드	쓰레기통	trash can 트래쉬캔	아침비행편	morning flight 모닝 플라잇	

179

아침식사	breakfast 브랙퍼스트	안약	eye drops 아이 드랍스	야경	night view 나이트 뷰
아케이드	arcade 아케이드	안전	safety 세이프티	야구	baseball 베이스볼
아파트	apartment 아파트먼트	안전밸트	seat belt 씻 벨트	야외	outdoors 아웃도어
아프다	ache 애익	안전한	safe 세이프	약	medicine 메디슨
아프다	hurt 헐트	앉다	sit 씻	약국	drugstore 드럭스토어
아픈	sick 씩	알람시계	alarm clock 알람 클락	약국	pharmacy 파머시
아픔	pain 페인	알레르기	allergy 알러지	약속	appointment 어포인먼트
악기점	musical instrument store 뮤지컬 인스트로먼트 스토어	알레르기가 있는	allergic 알러직	약속하다	promise 프로미스
		알약	tablet 태블릿	얇은	thin 띤
악수하다	shake hands 쉐이크 핸즈	알코올 류	alcohol 알코올	양력	western calendar 웨스턴 캘린더
악취가 나는	stinky 스팅키	앞머리	bangs 뱅	양말	socks 삭스
안개	fog 포그			양모	wool 울
안경	glasses 글래시스	애프터 서비스	after-the-sale service 애프터 더 세일 서비스		
안경점	glasses store 글래시스 스토어			양파	onion 어니언
		액세서리	accessory 액세서리	어댑터	adaptor 어댑터
안과 의사	oculist/ eye doctor 오큘리스트/ 아이 닥터	액셀	accelerator 어셀러레이터	어두운	dark 다크
		앤티크	antique 앤티크	어떤 것	something 썸띵
안내	guidance 가이던스	앤티크숍	antique shop 앤티크 샵	어려운	difficult 디피컬트
안내소	information office 인포메이션 오피스	앨범	album 앨범	어른	adult 어덜트
안내원	attendant 어텐던트	야간 명소	night spot 나이트 스팟	어린	young 영
안내인	guide 가이드	야간 투어	night tour 나이트 투어	어린이요금	child fare 차일드 페어

어린이집	day care center 데이케어센터		에스컬레이터	escalator 에스컬레이터		여행자 안내소	tourist information office 투어리스트 인포메이션 오피스
어머니	mother 마더		에어컨	air-conditioner 에어 컨디셔너		여행자수표	traveler's check 트래블러스 체크
어부	fisherman 피셔맨		에어컨	air-conditioning 에어컨디셔닝		여행하다	travel 트래블
어울리다	match 매치		에어컨 포함	air-conditioned 에어 컨디션드		역	station 스테이션
어울리다	suit 슈트		엔진	engine 엔진		역무원	station employee 스테이션 임플로이
어제	yesterday 예스터데이		여객선	passenger boat 패슨저 보트		역사	history 히스토리
어지러운	dizzy 디지		여걸, 여주인공	heroine 헤로인		역에서	at the station 엣 더 스테이션
언덕	hill 힐		여권	passport 패스포트		연결편/ 환승	connection/ transit 커넥션 / 트랜짓
언어	language 랭귀지		여기	here 히어			
언제	when 왠		여드름	pimple 핌플		연고	ointment 오인트먼트
언제나	always 얼웨이즈		여름	summer 써머		연극	play 플레이
언제든	any time 애니 타임		여성	woman 위먼		연기	smoke 스모크
얼굴	face 페이스		여성복 매장	women's clothing store 위민스 클로딩 스토어		연락선	ferry 페리
얼굴 케어	face care 페이스 케어					연락처	contact information 컨텍트 인포메이션
얼룩	stain 스테인		여성용	women's 위민스		연령	age 에이지
얼리다	freeze 프리즈		여행	tour 투어		연료가 떨어짐	out of gas 아웃 오브 개스
얼마나 (기간)	how long 하우 롱		여행가방	suitcase 슛케이스		연못	pond 폰드
얼음	ice 아이스		여행 경비	tour fee 투어 피		연설	speech 스피치
엄지	thumb 떰		여행사	travel agency 트래블 에이전시		연수	training course 트레이닝 코스
업무시간	business hours 비즈니스 아워						

연중행사	annual event 에뉴얼 이벤트	예능인	entertainer 엔터테이너	오페라	opera 오페라
연필	pencil 펜슬	예매권	advance ticket 어드밴스 티켓	오후	afternoon 에프터눈
연휴	consecutive holidays 컨세켜티브 할러데이즈	예쁜	pretty 프리티	오후비행편	afternoon flight 에프터눈 플라잇
		예산	budget 버젯	온도	temperature 템프러쳐
열	heat 힛	예술가	artist 아티스트	온수	hot water 핫 워터
열광적인	enthusiatic 인쑤시에스틱	예약	reservation 레저베이션	온천	hot spring 핫 스프링
열기	heat 힛	예약 리스트	reservation list 레저베이션 리스트	올림픽	Olympic Games 올림픽 게임즈
열다	open 오픈	예약석	reserved seat 리저브드 씻	옳은	right 라이트
열쇠	key 키	예약 취소	cancellation 캔설레이션	옷	clothes 클로즈
열차 안에서	on a train 온 어 트레인	예약하다	reserve/book 리저브/북	옷감	cloth 클로쓰
염증	inflammation 인플러메이션	예의	manners 매너스	옷걸이	hanger 행어
엽서	postcard 포스트카드	오늘	today 투데이	옷장	wardrobe 워드로우브
영수증	receipt 리싯	오늘밤	tonight 투나잇	와인	wine 와인
영양	nutrition 뉴트리션	오늘 아침	this morning 디스 모닝	와인 리스트	wine list 와인 리스트
영어	English 잉글리시	오늘 오후	this afternoon 디스 에프터눈	와인 한 잔	a glass of wine 어 글라스 어브 와인
영업 담당자	sales representative 세일 리프리젠테티브	오래된	old 올드	완하제	laxative 렉서티브
영업 중	open/in business 오픈 / 인 비즈니스	오렌지	orange 오렌지	왕복	round trip 라운드 트립
영화	movie 무비	오른쪽	right 라이트	왕복권	round trip ticket/ return ticket 라운드 트립 티켓/ 리턴 티켓
영화관	movie theater 무비 씨어터	오줌	urine 유린		
옅은 색	faint color 페인트 컬러	오토매틱 자동차	automatic car 오토매틱 카	왕족	the royal family 더 로열 패밀리

외과 의사	surgeon 서전	우유	milk 밀크	월식	lunar eclipse 루나 이클립스
외국인	foreigner 포리너	우주	universe 유니버스	위	up/above 업 / 어보브
외화	foreign currency 포린 커런시	우주비행사	astronaut 에스트로넛	위경련	stomach cramp 스터맥 크램프
외화 교환 증명서	certificate for the exchange of foreign currency 썰티피케이트 포 더 익스체인지 오브 포린 커런시	우체국	post office 포스트 오피스	위로	up 업
		우체통	mailbox 메일박스	위스키	whisky 위스키
		우편 번호	zip code 집 코드	위에	above 어보브
왼쪽	left 레프트	우편 요금	postage 포스테지	위의	upper 어퍼
요거트	yogurt 요거트	우표	stamp 스탬프	위장약	stomach medicine 스터맥 매디슨
요구하다	require 리콰이어	우푯값	postal stamp fee 포스털 스팸프 피	위층	upstairs 업스테얼스
요금	charge/fare/ fee/rate 차지 / 페어 / 피 / 레이트	우회전만	right turn only 라이트 턴 온리	위치	position 포지션
		우회전하다	turn right 턴 라이트	위험	danger 덴절
요금표	tariff/price list 테러프/프라이스 리스트	운동하다	exercise 엑설사이즈	유람선	excursion cruise 익스커젼 크루즈
요일	day of the week 데이 오브 더 위크	운동화	sneakers 스니커즈	유람선	pleasure boat 플레져 보트
욕실	bathroom 배쓰룸	운이 좋은	fortunate 포쳐넛	유료 도로	toll road 톨 로드
욕조	bathtub 배쓰텁	운임	fare 페어	유료의	pay 페이
욕조포함	with a bathtub 윗 어 배쓰텁	운전기사	driver 드라이버	유료화장실	pay toilet 페이 토일렛
우산	umbrella 엄브렐라	운전면허증	driver's license 드라이버스 라이센스	유리잔	glass 글라스
우연히	by accident 바이 엑시던트	울다	cry 크라이	유명한	famous 페이머스
우울한	depressed 디프레스드	원숭이	monkey 멍키	유스호스텔	youth hostel 유스 호스텔
우울함	somberness 삼버니스	월경일	menstrual period 맨스트루얼 피리오드	유실물 보관소	lost and found 로스트 앤드 파운드

183

유아동반	with children 윗 칠드런	의사	doctor 닥터	인기	popularity 퍼퓰러러티
유아차	stroller 스트롤러	의사	medicine 매디슨	인기있는 투어	popular tour 퍼퓰러 투어
유적	remains 리메인스	의상	costume 코스튬	인도	sidewalk 사이드워크
유제품	dairy products 데어리 프러덕스	의식이 없다	unconscious 언컨시어스	인사	greeting 그리팅
유치원	kindergarten 킨더가아턴	이륙	takeoff 테이크오프	인쇄물	printed material 프린티드 머티어리얼
유화	oil painting 오일 페인팅	이름	name 네임	인스턴트 음식	instant food 인스턴트 푸드
유효 기간	valid period 밸리드 피리어드	이름표	name tag 네임 텍	인원수	number/figure 넘버 / 피겨
유효함	validity 밸리디티	이모	aunt 앤트	인터넷	Internet 인터넷
은(은의)	silver 실버	이발	haircut 헤어컷	인형	doll 돌
은행	bank 뱅크	이발소	barbershop 바버샵	(날)일	day 데이
은행원	bank clerk 뱅크 클럭	이번달	this month 디스 먼스	일	work 워크
음료수	beverage 베버리지	이번주	this week 디스 위크	일광 절약 시간	summer time 서머 타임
음식	food 푸드	이상한 소리	strange sound 스트레인지 사운드	일광욕	sunbath 썬배쓰
음악	music 뮤직	이용할 수 있는	available 어베일러블	일기	diary 다이어리
음주	drinking 드링킹	이유	reason 리즌	일기예보	weather forecast 웨더 포어케스트
응급처치	first aid 퍼스트 에이드	이코노미 좌석	economy class seat 이코노미 클래스 씻	일반약	regular medicine 레귤러 매디슨
~의 생가	birthplace of~ ~버쓰플레이스 오브	이코노미 클래스	economy class 이코노미 클래스	일반적인	common 커먼
의견	opinion 오피니언	인공의	artificial 아티피셜	일반 휘발유	regular gasoline 레귤러 가솔린
의류	clothing 클로딩	인구	population 파퓰레이션	일방통행	one way 원 웨이
의사	chair 체어			일시정지	halt 홀트

일식	solar eclipse 솔라 이클립스
일어나다	get up 겟업
일용품	daily necessities 데일리 네세시티즈
일인당	per person 퍼 펄슨
일일 관광 투어	one-day sightseeing tour 원데이 사이트씨잉 투어
일일권	one day ticket 원 데이 티켓
일정	schedule 스케쥴
일찍	early 얼리
일품요리	a la carte 어 라 카트
일회용 기저귀	disposable diaper 디스포저블 다이퍼
잃다	lose 루즈
임금	salary 샐러리
임시 보관소	checkroom 체크룸
임신부	pregnant woman 프레그넌트 워먼
입구	entrance 엔터런스
입국	entry 엔트리
입국목적	purpose of the entry 펄포즈 오브 더 앤트리

입국심사	immigration control 이미그레이션 컨트롤
입국카드	immigration card/disembarkation card 이미그레이션 카드 / 디셈바케이션 카드
입다	wear/put on 웨어/ 풋온
입석	standing room 스탠딩 룸
입어보다	try on 트라이 온
입장료	admission 애드미션
입증하다	validate 밸리데이트
잉크	ink 잉크
잊다	forget 폴겟

ㅈ

자극제	stimulant 스티뮬런트
자다	sleep 슬립
자동	automatic 오토매틱
자동 잠금 장치	automatic lock 오토매틱 락
자동차	car 카
자동차 트렁크	trunk 트럭
자동차 핸들	steering wheel 스티링 휠
자동판매기	vending machine 밴딩 머신

자리세(식당 등의)	cover charge 커버 차지
자매	sister 시스터
자물쇠	latch 래치
자석	magnet 마그넷
자수	embroidery 엠브로이더리
자연	nature 네이쳐
자영업	independent business 인디팬던트 비즈니스
자유	freedom 프리덤
자유석	non-reserved seat 넌 리저브드 씻
자전거	bicycle 바이시클
자정	midnight 미드나잇
자화상	self-portrait 셀프 포어트릿
작년	last year 라스트 이어
작은	small 스몰
작은 배	boat 보트
작은 여행가방	overnight bag 오버나이트 백
잔돈	change 체인지
잔디밭	lawn 런
잔치	fair 페어

잘 상하는	perishabl 페리셔블	재해	disaster 디제스터	전시회	exhibition 익스히비션
잠옷	pajama 파자마	재확인하다	reconfirm 리컨펌	전시회	exposition 엑스퍼지션
잡지	magazine 매거진	잼	jam 잼	전쟁	war 워
잡화점	general store 제네럴 스토어	저녁밥	supper 서퍼	전지	battery 배터리
장갑	glove 글러브	저녁 비행편	evening flight 이브닝 플라잇	전통	tradition 트레디션
장거리 비행 증후군	jet lag 젯 렉	저울	scale 스케일	전통 행사	traditional event 트래디셔널 이벤트
장거리 전화	long-distance phone call 롱 디스턴스 폰 콜	저쪽	the other side 디 아더 사이드	전화	telephone 텔레폰
		적어두다	write down 롸이트 다운	전화 박스	phone booth 폰 부스
장난감	toy 토이	전기 기구	electrical appliance 일렉트리컬 어플라이언스	전화번호부	phone book 폰 북
장난감가게	toy store 토이스토어			전화번호 안내	directory assistance 디렉터리 어시스턴트
장마	rainy season 레이니 시즌	전기	electricity 일렉트릭시티	전화요금	telephone bill 텔레폰 빌
장소	place 플레이스	전등	lamp 램프	점멸기	blinker 블링커
재고	stock 스톡	전망대	observatory 옵절버터리	점수판	scoreboard 스코어보드
재떨이	ashtray 에쉬트레이	전망이 좋다	have a good view 해브 어 굿 뷰	점심	lunch 런치
재료	material 머티어리얼	전문의	(medical) specialist (매디컬)스페셜리스트	점원	sales clerk 세일즈 클러크
재발행	reissue 리이슈	전문점	specialty store 스페셜리티 스토어	접수	reception 리셉션
재즈	jazz 재즈	전방	front 프런트	접시	plate 플레이트
재즈 클럽	jazz club 재즈 클럽	전방석	front seat 프런트 씻	접지르다	sprain 스프레인
재채기	sneeze 스니즈	전보	telegram 텔레그램	접착제	adhesive 애드히브
재판, 시험	trial 트라이얼	전시/ 전시하다	display 디스플레이	접착제	glue 글루

젓가락	chopsticks 찹스틱스	조각	sculpture 스컬프쳐	종이가방	paper bag 페이퍼 백
정가	fixed price 픽스드 프라이스	조각가	sculptor 스컬프터	종이컵	paper cup 페이퍼 컵
정면관람석	main stand 매인 스탠드	조개	shell 셸	종합검진	general checkup 제너럴 체크업
정보	information 인포메이션	조건	condition 컨디션	좋은	nice 나이스
정보지	information magazine 인포메이션 매거진	조금	a bit 어 빗	좌변기	toilet seat/ toilet(bowl) 토일렛 씻/ 토일렛(보울)
		조금	just a little 저스트 어 리틀		
정상	top 탑	조명	lighting 라이팅	좌석	seat 씻
정시	scheduled time 스케쥴드 타임	조미료	seasoning 시즈닝	좌석번호	seat number 씻 넘버
정식	set meal 셋 밀	조사	examination 이그재미네이션	좌석을 예약하다	reserve a seat 리저브 어 씻
정오	noon 눈	조사하다	examine 이그재민	좌회전금지	no left turn 노 레프트 턴
정원	garden 가든	조용하게	quietly/silently 콰이엇틀리/사일런틀리	좌회전하다	turn left 턴 레프트
정장	formal dress 포멀 드레스	조용한	quiet/silent 콰이엇 / 사일런트	주	week 위크
정장	suit 수트	조종사	pilot 파일럿	주간공연	matinee 마티네
정전	blackout 블랙아웃	조카	nephew 네퓨	주류점	liquor shop 리큐어 샵
정지하다	stop 스탑	졸린	sleepy 슬리피	주름	wrinkle 링클
정직한	honest 어니스트	종교	religion 릴리전	주말	weekend 위켄드
정치	politics 폴리틱스	종류	kind 카인드	주문	order 오더
젖병	baby bottle 베이비 바틀	종업원(남)	waiter 웨이터	주부	housewife 하우스와이프
젖은	wet 웻	종업원(여)	waitress 웨이트리스	주사	injection 인젝션
제안	proposal 프로포절	종이	paper 페이퍼	주사위	dice 다이스

주소	address 애드레스	쥐	mouse 마우스	지사제	binding medicine 바인딩 메디슨
주스	juice 쥬스	증거	evidence 에비던스	지원	application 어플리케이션
주역	leading character 리딩 캐릭터	증명서	certification 서티피케이션	지지하다	support 서포트
주유소	gas station 개스 스테이션	증상	symptom 심텀	지진	earthquak 얼쓰퀘익
주의	attention 어텐션	지갑	purse 펄스	지폐	bill 빌
주중	weekday 위크데이	지갑	wallet 월렛	지하	basement 베이스먼트
주차금지	no parking 노 파킹	지구	earth 어쓰	지하철	subway 서브웨이
주차요금	parking fee 파킹 피	지금	now 나우	지하철 노선도	subway map 서브웨이 맵
주차장	parking lot 파킹 랏	지나다	pass 패스	지하철역	subway station 서브웨이 스테이션
죽	rice porridge 라이스 포리지	지난달	last month 라스트 먼쓰	직업	occupation 아큐페이션
준비	preparation 프리퍼레이션	지난주	last week 라스트 위크	직원	staff 스텝
줍다	pick up 픽업	지도	map 맵	직항	direct flight 다이렉트 플라잇
중간	middle 미들	지름길로 가다	take a shortcut 테이크 어 쇼트 컷	직행버스	non-stop bus 넌 스탑 버스
중고의	secondhand 새컨핸드	지면	ground 그라운드	진단서	doctor's certificate 닥터스 서티피케이트
중국 음식	Chinese food 차이니즈 푸드	지방	fat 펫	진실	truth 트루쓰
중국산	made in China 메이드 인 차이나	지방	region 리전	진주	pearl 펄
중학교	junior high school 주니어 하이 스쿨	지병	chronic disease 크라닉 디지즈	진짜	real 리얼
중학생	junior high school student 주니어 하이스쿨 스튜던트	지불	payment 페이먼트	진통제	aspirin 아스피린
		지불하다	pay 페이	질문	question 퀘스쳔
중형차	mid-size car 미드 사이즈 카	지붕	roof 루프	질문하다	ask a question 에스크 어 퀘스쳔

188

질병	disease 디지즈	창가좌석	window seat 윈도우 씻	청소하다	clean 클린
짐칸	overhead compartment 오버헤드 컴퍼트먼트	창문	window 윈도우	청신호	green light 그린 라이트
		찾다	look for/seek 룩포 / 씩	체류 예정 기간	planned period of stay 플랜드 피어리오드 오브 스테이
집	home 홈	채소	vegetable 베지터블		
집	house 하우스	채식주의자	vegetarian 베지테리언	체온	temperature 템퍼러쳐
집안일	housework 하우스워크	책	book 북	체온계	thermometer 떠어모미터
집합장소	(designated) meeting place (데지그네이티드) 미팅 플레이스	책상	desk 데스크	체육관	gym 짐
		처방전	prescription 프러스크립션	체질	constitution 컨스티튜션
짓다	build 빌드	천둥	thunder 떤덜	체크아웃	checkout 체크아웃
짧다	short 쇼트	천식	asthma 애즈마	체크아웃 시간	checkout time 체크아웃 타임
찌르는 듯한 고통	have a stabbing pain 해브 어 스태빙 패인	천장	ceiling 씰링	체크인	checkin 체크인
		철	iron 아이언	초	second 세컨드
찜질	compress 컴프레스	철물점	hardware store 하드웨어 스토어	초대하다	invite 인바이트
ㅊ		첫 기차	first train 퍼스트 트레인	초등학교	elementary school 엘레멘터리 스쿨
차	tea 티	첫 번째	first 퍼스트	초록색	green 그린
차갑다	cold 콜드	청구	charge 차지	초밥	sushi 스시
차고	garage 거라지	청구서	bill 빌	초상화	portrait 포어트릿
차도	road(way) 로드(웨이)	청바지	jeans 진스	초콜릿	chocolate 초콜릿
차장	conductor 컨덕터	청소	cleaning 클리닝	총	gun 건
착륙	landing 랜딩	청소 중	closed for cleaning 클로즈드 포 클리닝	총액	sum/amount 썸/ 어마운트

최근에	recently 리슨틀리	출발 로비	departure lobby 디파쳐 로비	치료하다	cure 큐어
최대의	biggest/largest 비기스트 / 라지스트	출발 시간	departure time 디파쳐 타임	치마	skirt 스커트
최대한 빨리	as soon as possible 에즈 순 에즈 파서블	출발하다	depart 디파트	치수	size 사이즈
최소 요금	minimum charge 미니멈 차지	출신지	birthplace 버쓰플레이스	치실	floss 플로스
최소의	least/smallest 리스트 / 스몰리스트	출입국 관리소	immigration control 이미그레이션 컨트롤	치아	tooth 투쓰
최신의	latest 레이티스트			치약	toothpaste 투쓰페이스트
최종 목적지	final destination 파이널 데스티네이션	출입국 카드	embarkation card 엠버케이션 카드	치질	hemorrhoid 헤머로이드
추가 요금	extra charge 엑스트라 차지	출판사	publisher 퍼블리셔	치킨	chicken 치킨
추가 침대	extra bed 엑스트라 베드	춤/춤추다	dance 댄스	치통	toothache 투쎄익
추가하다	add 애드	충돌	collision 컬리젼	친구	friend 프랜드
추억,기억	memory 메모리	취급주의	handle with care 핸들 윗 케어	친근하게	friendly 프렌들리
추운	cold 콜드	취미	hobby 하비	친절	kindness 카인니스
추천	recommendation 레커맨데이션	취소하다	cancel 캔슬	친척	relative 렐러티브
추천하다	recommend 레커맨드	취직	get a job 겟 어 잡	친한 친구	close friend 클로즈 프렌드
축구	soccer 싸커	취하다	get drunk 겟 드렁크	침대	bed 베드
축제	festival 페스티벌	측면	side 사이드	침대차	sleeping car 슬리핑 카
축하	congratulation 컨그래철레이션	층	floor 플로어	침대차요금	berth charge 버쓰 차지
출구	exit 엑싯	층	layer 레이어	침대 협탁	night table 나이트 테이블
출국세	departure tax 디파쳐 택스	치과 의사	dentist 덴티스트	침실	bed room 베드 룸
출발	departure 디파쳐	치료	treatment 트릿먼트	칩(카지노 게임 코인)	chip 칩

190

칫솔	toothbrush 투쓰브러시

ㅋ

카메라	camera 캐머러
카메라 가게	camera shop/ camera store 캐머러 샵 / 캐머러 스토어
카바레	cabaret 카바레
카운터	counter 카운터
카지노	casino 카지노
카탈로그	catalogue 카탈로그
카트	cart 카트
카페	cafe 카페
카페테리아	cafeteria 카페테리아
카펫	carpet 카펫
칵테일	cocktail 칵테일
칼	knife 나이프
칼라, 옷깃	collar 칼라
캐주얼	casual 캐주얼
캔따개	can opener 캔 오프너
커넥팅룸	connecting room 커넥팅 룸
커튼	curtain 커튼

커피	coffee 커피
커피숍	coffee shop 커피 샵
컬러필름	color film 컬러 필름
컵	cup 컵
케이블카	cable car 케이블 카
케첩	ketchup 케첩
코듀로이	corduroy 코듀로이
코르크 오프너	corkscrew 콜크스크류
코스	course 코스
코인 로커	coin locker 코인 라커
(테니스 등 의)코트	court 코트
코트	coat 코트
콘돔	condom 컨덤
콘서트	concert 컨서어트
콘센트	outlet 아울렛
콘시어지	concierge 컨시어지
콘텍트렌즈	contact lens 컨텍트 렌즈
쿠션	cushion 쿠션
쿠폰	coupon 쿠폰
크다	big/large 빅 / 라지

크루아상	croissant 크루아성
크루즈	cruise 크루즈
크리스마스	Christmas 크리스마스
클래식 음악	classical music 클래시컬 뮤직
클럽	club 클럽
키	height 하이트

ㅌ

타다	board/get on/ get into 보드 / 겟 온 / 겟 인투
타이어	tire 타이어
탁아소	day-care center 데이 케어 센터
탄산수	carbonated water 카보네이티드 워터
탄산이 없는 물	uncarbonated water 언카보네이티드 워터
탈지면	absorbent cotton 앱솔번트 코튼
탈출하다	escape 이스케이프
탑승	boarding 보딩
탑승구	boarding gate 보딩 게이트
탑승권	boarding pass 보딩 패스
탑승시간	boarding time 보딩 타임

탑승하다	board 보드	통화	currency 커런시	판자	board 보드
태양	sun 선	통화 신고	declaration of currency 데클러레이션 오브 커런시	패스트푸드	fast-food 패스트 푸드
태우다	burn 번			팬던트	pendant 팬던트
태풍	typhoon 타이푼	튜브	floater 플로터	팬케이크	pancake 팬케이크
택배	package/parcel 패키지/퍼실	트럼프카드	playing card 플레이 카드	팸플릿	brochure 브로셔
택시	taxi 택시	트윈 룸	twin room 트윈 룸	펑크	puncture 펑처
택시 미터기	taximeter 택시미터	특별 행사	special event 스페셜 이벤트	페이퍼 타월	paper towel 페이퍼 타올
택시 정류장	taxi stand 택시스탠드	특산품	local specialty 로컬 스페셜티	펜	pen 펜
턱	chin 친	특색	feature 피쳐	편도	one way 원 웨이
테니스	tennis 테니스	티백	tea bag 티백	편도염	tonsillitis 턴실라이티스
테니스공	tennis ball 테니스 볼	티셔츠	T-shirt 티셔츠	편도 티켓	one way ticket 원 웨이 티켓
테니스코트	tennis court 테니스 코트	팁, 사례금	tip 팁	편안한	comfortable 컴퍼터블
테러	terrorism 테러리즘			편의점	convenience store 컨비니언스 스토어
테이크아웃 (포장)	takeout 테이크아웃	**ㅍ**		편지	letter 레터
텔레비전	television 텔레비전	파도	wave 웨이브	편지	mail 메일
토스트	toast 토스트	파라솔	parasol 페어러솔	편지지	writing paper 라이팅 페이퍼
토하다	vomit 버밋	파랗다	blue 블루	평화	peace 피스
통역하다	interpret 인터프릿	파리	fly 플라이	폐관 시간	closing time 클로징 타임
통조림 음식	canned food 캔드 푸드	파손되기 쉬운 물품	fragile article 프레절 아티클	폐렴	pneumonia 누모우니아
통행 금지	(Road) closed (로드) 클로즈드	파운데이션	foundation 파운데이션	폐점	closed 클로즈드
		파티	party 파티		

포도	grape 그레이프
포장	wrapping 래핑
포장된	wrapped 랩트
포크	fork 포크
포터	porter 포터
포함하다	contain 컨테인
포함하다	include 인클루드
폭동	riot 라이엇
폭포	waterfall 워터 펄
폭풍	storm 스톰
폴로셔츠	polo shirt 폴로 셔츠
표	ticket 티켓
품절,매진	sold out 솔드아웃
품절	out of stock 아웃 오브 스탁
품질	quality 퀄리티
풍경화	landscape 랜드스케이프
프라이팬	frying pan 프라잉 팬
프랑스 음식	French food 프렌치 푸드
프런트	front 프런트

프로 레슬링	professional wrestling 프로페셔널 레슬링
프로그램	program 프로그램
플래시 사용 금지	Taking photos with flash is prohibited 테이킹 포토스 윗 플래쉬 이즈 프로히비티드
플랫폼	platform 플랫폼
피곤해지다	get tired 겟 타이어드
피부	skin 스킨
피어싱 귀걸이	pierced earring 피어스트 이어링
피팅룸	fitting room 피팅 룸
피흘리다	bleed 블리드
필요	necessity 네세서티

ㅎ

하늘	sky 스카이
하루	a day 어 데이
하루의	full-day 풀 데이
하얀색	white 화이트
학교	school 스쿨
학생	student 스튜던트

학생증	student identification card 스튜던트 아이덴티피케이션 카드
한 벌	kit 키트
한 벌	one piece 원 피스
한 쌍	pair 페어
한국대사관	the Korean Embassy 더 코리안 엠버시
한국어	Korean 코리안
한국 연락처	contact number in Korea 컨텍트 넘버 인 코리아
한국 음식	Korean food 코리안 푸드
한국의	Korean 코리안
한국인	Korean 코리안
한국 차	Korean car 코리안 카
한나절의	half-day 하프데이
한약	Chinese herb medicine 차이니즈 허브 메디슨
할머니	grandmother 그랜마더
할아버지	grandfather 그랜파더
할인	discount 디스카운트

할인	sale 세일	행복한	happy 해피	호박	pumpkin 펌킨
할인 매장	discount store 디스카운트 스토어	~행의	bound for~ ~ 바운드 포~	호수	lake 레이크
함께	together 투게더	향	scent 센트	호출 버튼	call button 콜 버튼
합계	total 토탈	향수	perfume 퍼퓸	호텔	hotel 호텔
합류	confluence 컨플루언스	향수병	homesick 홈씩	호텔리스트	hotel list 호텔 리스트
핫도그	hot dog 핫도그	허가	permission 퍼미션	홀, 구멍	hole 홀
항공사	airline 에어라인	허리	waist 웨이스트	화가	painter 페인터
항공사 변경 승인	endorsement 앤도어스먼트	헤드	head 헤드	화난	angry 앵그리
항공우편	airmail 에어메일	혀	tongue 텅	화단	flower bed 플라워 베드
항공편	flight 플라잇	현금	cash 캐쉬	화랑	gallery 갤러리
항구	port 포트	현란한	flashy 플래쉬	화물, 짐	baggage/luggage 배기지 / 러기지
항해	navigation 네비게이션	현지시간	local time 로컬 타임	화병	vase 베이스
해변	beach 비치	현지 음식	local dishes 로컬 디쉬	화산	volcano 볼케이노
해산물	seafood 씨푸드	혈압	blood pressure 블러드 프레셔	화상	burn 번
해수욕	sea bathing 씨 배딩	혈액	blood 블러드	화장수	toner 토너
해안가	seaside 씨 사이드	혈액형	blood type 블러드 타입	화장실	restroom 레스트룸
해안가의	ocean-side 오션 사이드	협상	negotiation 네고시에이션	화장지	tissue 티슈
해열제	antifebrile 앤티피브라일	협상하다	negotiate 네고시에잇	화장품 회사	cosmetic company 코스메틱 컴퍼니
해협	strait 스트레이트	형제	brother 브라더	화장품	cosmetics 코스메틱스
햄버거	hamburger 햄버거	형제자매	sibling 시블링	확대	extension 익스텐션

확대하다	enlarge 엔라지	회원카드	membership card 멤버십 카드	흡연석	smoking seat (section) 스모킹 씻 [섹션]
확인	confirmation 컨펄메이션	회의	meeting 미팅		
확인하다	confirm 컨펌	효과	effect 이펙트	흡연하다	smoke 스모크
환경	environment 인바이러먼트	후식	dessert 디저트	흥미로운	interesting 인터레스팅
환경파괴	environmental destruction 인바이러멘탈 디스트럭션	후추	pepper 페퍼	희곡	drama 드라마
		훔치다	steal 스틸	희극	comedy 코미디
환승	transit 트랜짓	휘발유	gasoline 가솔린	힘이 센	strong 스트롱
환승 비행 카운터	connecting flight counter 커넥팅 플라잇 카운터	휘발유 펌프	gas pump 개스 펌프		
환승티켓	transfer ticket 트랜스퍼 티켓	휠체어	wheelchair 휠체어		
환승하다	transfer/change 트랜스퍼 / 체인지	휠체어 이용 가능 화장실	wheelchair accessible restroom 휠체어 엑세서블 레스트룸		
환율	exchange rate 익스체인지 레이트	휴가	vacation 베케이션		
환자	patient 패이션트	휴게실	lounge 라운지		
환전소	money exchange counter 머니 익스체인지 카운터	휴대전화	cell phone / mobile phone 셀 폰 / 모바일 폰		
환호성	cheer 치얼	휴일	holiday 홀리데이		
회	raw fish 로우 피쉬	휴지	toilet paper 토일렛 페이퍼		
회계장부	account 어카운트	흐린	cloudy 클라우디		
회사원	office worker 오피스 워커	흡연	smoking 스모킹		
회수권	sheet of tickets 시트 오브 티켓츠	흡연구역	smoking area 스모킹 에리아		

	그외
100달러 지폐	**$100 bill** 원헌드레드 달러 빌
10파운드 지폐	**10-pound note** 어 텐 파운드 노트
1그릇	**helping** 헬핑
1등석	**first class** 펄스트 클래스
1센트 동전	**one cent coin** 원 센트 코인
1층	**ground floor/ first floor** 그라운드 플로어(영) /펄스트 플로어(미)
(극장의) 1층석	**orchestra** 오케스트라
24시간 영업	**open 24 hours** 오픈 투에니포 아워스
2등석	**second-class** 세컨드 클래스
(극장의)2층 전방석	**front mezzanine seat** 프런트 매저닌 씻
2층	**first floor(영) second floor(미)** 퍼스트 플로어 / 세컨 드 플로어
(극장의) 2층석	**balcony seat** 발코니 씻

단어장

English ⟶ Korean

a

accident 엑시던트	사고
accommodation charge 어커모데이션 차지	숙박료
accounting 어카운팅	회계
address 애드레스	주소
admission fee 어드미션 피	입장료
advertisement 애드벌타이즈먼트	광고
air-conditioner 에어 컨디셔너	에어컨
airport 에어포트	공항
airport tax 에어포트 텍스	공항세
alarm clock 알람 클락	알람시계
allergy 알러지	알레르기
alley 앨리	골목
ambassador 엠배서더	대사
ambulance 앰뷸런스	구급차
anemia 어니미어	빈혈

anesthesia 애니스씨지어	마취
anniversary 애니버서리	기념일
antifebrile 앤타이프브릴	해열제
apartment 아파트먼트	아파트
appetite 애피타이트	식욕
aquarium 아쿠아리움	수족관
arrival 어라이벌	도착
ashtray 애쉬트레이	재떨이
aspirin 애스프린	아스피린
asthma 애즈마	천식
attention 어탠션	주의/집중
audience 어디언스	청중
aunt 앤트	이모/고모
automatic ticket machine 오토매틱 티켓 머신	티켓 자동판매기

b

bag 백	가방

bakery 베이커리	제과점
balance 밸런스	균형
bandage 밴드에이지	반창고
bank 뱅크	은행
bar 바	바
bargain 바겐	염가 판매 상품
baseball 베이스볼	야구
bath towel 배쓰타올	목욕 타월
bathroom 배쓰룸	욕실
bean curd 빈 커드	두부
bed 베드	침대
beef 비프	소고기
beer 비어	맥주
beverage 베버리지	음료수
bicycle 바이시클	자전거
bill 빌	청구서
bird 버드	새

197

birthday 버쓰데이	생일	bus station 버스 스테이션	버스 터미널	ceramics / pottery 세라믹스 / 포터리	도자기
blackout 블랙아웃	정전	bus stop 버스 스탑	버스 정류장	certificate of the accident 설티피케이트 오브 디 액시던트	사고증명서
blanket 블랭킷	담요	business card 비즈니스 카드	명함		
(Road)Blocked (로드)블럭드	통행 금지	business hours 비즈니스 아워	영업시간	certified money exchanger 설티파이드 머니 익스체인저	공인환전소
blood 블러드	혈액	buy 바이	사다		
blood pressure 블러드 프레셔	혈압	**C**		change 체인지	거스름돈
blood type 블러드 타입	혈액형	cafe 카페	카페	charge 차지	수수료
blue 블루	파란색	call 콜	전화하다	charge / fare / fee / rate 차지/페어/피/레이트	요금
board 보드	탑승하다	camera 캐머라	카메라		
boarding 보딩	탑승	cancel 캔슬	취소하다	cheap 칩	싸다
boarding gate 보딩게이트	탑승구	candy 캔디	사탕	check 체크	수표
boarding pass 보딩 패스	탑승권	cap 캡	모자	check-in 체크인	체크인
boarding time 보딩 타임	탑승 시간	car 카	자동차	check-out 체크 아웃	체크아웃
boat 보트	배	carbonated water 카보네이티드 워터	탄산수	chewing gum 츄잉껌	껌
body 바디	몸	carrot 캐럿	당근	chicken 치킨	닭고기
book 북	책	cash 캐쉬	현금	Chinese herb medicine 차이니즈 허브 메디슨	한약
bookstore 북스토어	서점	casino 카지노	카지노		
breakfast 브렉퍼스트	아침 식사	cat 캣	고양이	chopsticks 찹스틱스	젓가락
burn 번	타다	cellphone / mobile phone 셀폰/ 모바일 폰	휴대전화	church 처치	교회
bus 버스	버스			cigarette / tobacco 시가렛/터바코	담배

city / town 시티/ 타운	도시	confirmation number 컨펄메이션 넘버	예약 번호	daughter 도터	딸
cleaning 클리닝	청소	constipation 컨스티페이션	변비	declaration 데클러레이션	신고
clock 클락	시계	contact information 컨택트 인포메이션	연락처	deep 딥	깊은
close 클로즈	닫다			delicious 딜리셔스	맛있는
closing time 클로징 타임	폐점 시간	convenience store 컨비니언스 스토어	편의점	department store 디파트먼트 스토어	백화점
closure 클로져	폐쇄	copy 카피	복사		
clothing store 클로딩 스토어	옷 가게	cotton 코튼	면	departure 디파쳐	출발
cloud 클라우드	구름	country 컨트리	나라	departure date 디파쳐 데이트	출발일
cocktail 칵테일	칵테일	coupon 쿠판	쿠폰	departure lobby 디파쳐 로비	출발 로비
coffee 커피	커피	courtesy 커터시	예의	departure time 디파쳐 타임	출발 시간
coffee shop 커피샵	커피숍	crash 크래쉬	사고	deposit 디파짓	보증금
coin 코인	동전	credit card 크래딧 카드	신용 카드	design 디자인	디자인
coin locker 코인 라커	코인 물품 보관함	customs 커스팀스	세관	dessert 디저트	후식
cold 콜드	추운	customs declaration form 커스팀스 디클레이션 폼	세관 신고서	destination 데스티네이션	목적지
cold medicine 콜드 메디슨	감기약			development 디벨롭먼트	발달
collect call 컬렉트 콜	수신자 부담 전화	cute 큐트	귀여운	different 디프런트	다른
color 컬러	색깔	**d**		difficult 디피컬트	어려운
comic book 코믹 북	만화책	dance 댄스	무용	digital camera 디지털 캐머라	디지털 카메라
company 컴퍼니	회사	danger 댄저	위험	dinner 디너	저녁 식사
concierge 컨시어지	콘시어지	dark 다크	어두운	direction 디랙션	방향

disco(theque) 디스코(테크)	디스코텍	effect 이펙트	효과	expectation 익스펙테이션	예상
discount 디스카운트	할인	effective period 이펙티브 피리어드	유효 기간	expensive 익스펜시브	비싼
distasteful / taste bad 디스테이스트풀 / 테이스트 배드	맛이 없는	egg 에그	계란	express 익스프레스	속달
doctor 닥터	의사	elbow 엘보우	팔꿈치	extension 익스텐션	내선
document 다큐먼트	서류	embarkation card 엠버케이션 카드	출국 카드	extra bed 엑스트라 베드	보조 침대
dog 독	개			extra charge 엑스트라 차지	별도 요금
domestic airline 도메스틱 에어라인	국내 항공사	embassy 엠버시	대사관	eye drop 아이드랍	안약
donation 도네이션	기부	emergency exit 이멀전시 엑싯	비상구	eyebrow 아이브로우	눈썹
down 다운	아래	English 잉글리쉬	영어	**f**	
(one-piece) dress (원피스)드레스	원피스	enter 엔터	들어가다	facsimile 팩시멀리	복제
		entrance 엔터런스	입구	fair 페어	날씨가 맑다
driver 드라이버	운전자	envelope 인벨롭	봉투	fake 페이크	가짜
drug 드러그	약	examine 이그제민	조사하다	family 패밀리	가족
duty free 듀티 프리	면세	example 이그젬플	예	famous 페이머스	유명한
duty-free article 듀티 프리 아티클	면세품	exchange counter 익스체인지 카운터	환전 카운터	far 퍼	먼
duty-free shop 듀티 프리 샵	면세점			fare 페어	운임
e		exchange rate 익스체인지 레이트	환율	festival 페스티벌	축제
early 얼리	일찍	exchange ticket 익스체인지 티켓	인환증	fever 피버	열
east 이스트	동쪽	exhibition 익스히비션	전시회	film 필름	영화
		exit 엑싯	출구	finger 핑거	손가락

first train 퍼스트 트레인	첫 기차	guidebook 가이드 북	가이드북	hotel room rate 호텔 룸 레이트	호텔 숙박비
fishing 피싱	낚시	**h**		hurry 허리	서두르다
flight 플라잇	비행기	hair conditioner 헤어 컨디셔너	린스	hurt 헐트	아프다, 다치게 하다
flight number 플라잇 넘버	비행기 편명	hairdryer 헤어드라이어	헤어드라이어	**i**	
food 푸드	음식	hand 핸드	손	ice 아이스	얼음
forecast 포케스트	예측하다	handcraft 핸드크래프트	수공예품	immigration card / disembarkation card 이미그레이션 카드 / 디셈바아케이션 카드	입국 카드
free / complimentary 프리/컴플리멘터리	무료의	handkerchief 행커칩	손수건		
		handle with care 핸들 윗 케어	취급 주의		
free time 프리 타임	자유 시간	handmade 핸드메이드	수제	immigration control 이미그레이션 컨트롤	출입국 관리
fruit 프룻	과일	headache 헤드에익	두통		
fur 퍼	모피	heater 히터	난방기	import 임포트	중요한
furniture 퍼니처	가구	heavy 헤비	무거운	in use / line is busy 인 유즈/ 라인 이즈 비지	사용 중/ 통화 중
g		height 하이트	높이		
garden 가든	정원	hemp 헴프	삼, 대마	indoor 인도어	실내의
garlic 갈릭	마늘	high 하이	높은	information center 인포메이션 센터	정보 센터
gas station 개스 스테이션	주유소	hobby 하비	취미	injection 인젝션	주사
gate number 게이트 넘버	게이트 번호	hospital 허스피털	병원	instant 인스턴트	인스턴트
get tired 겟 타이어드	피곤하다	hot 핫	뜨거운	instructions 인스트럭션스	지시, 명령
grocery store 그로서리 스토어	식료품점	hot water 핫 워터	뜨거운 물	insurance 인슈어런스	보험
guest 게스트	손님	hotel 호텔	호텔		

international driver's license 인터네셔널 드라이버스 라이센스	국제 운전 면허증	later payment 레이터 페이먼트	후불	long distance call 롱 디스턴스 콜	시외 전화
Internet 인터넷	인터넷	laxative 렉서티브	완하제	look for / seek 룩 포/ 씩	찾다
interpret 인터프릿	설명하다, 통역하다	leak 릭	새다	loss 로스	분실
invitation 인비테이션	초대장	leave 리브	두다	lounge 라운지	휴게실
iron 아이런	다리미	left 레프트	왼쪽	luggage / baggage 러기지/배기지	수하물
j		letter 레터	편지		
jewely 쥬얼리	보석점	library 라이브러리	도서관	**m**	
k		life jacket 라이프 재킷	구명조끼	mail 메일	편지
karate 카라테	가라테	light 라이트	가벼운	mailbox 메일박스	우편함
ketchup 케첩	케첩	limited express 리미티드 익스프레스	특급 열차	manicure 매니큐어	매니큐어
kettle 케틀	주전자	limousine 리무진	리무진	map 맵	지도
key 키	열쇠	lipstick 립스틱	립스틱	market 마켓	시장
kitchen 키친	주방	liquid 리퀴드	액체	marmalade 마멀레이드	마멀레이드
Korean radish 코리안 레디쉬	한국 무	liquor 리큐어	술	massage 마사지	마사지
Korean food 코리안 푸드	한국음식	list 리스트	표	mayonnaise 매요네즈	마요네즈
Korean Embassy 코리안 엠버시	한국 대사관	local call 로컬 콜	시내 전화	meal 밀	식사
l		local specialty 로컬 스페셜티	특산품	medicine 메디슨	약
language 랭귀지	언어	local time 로컬 타임	현지 시간	meet 밋	만나다
last train 라스트 트레인	막차	long 롱	긴	memory 메모리	기억, 추상
		long distance bus 롱 디스턴스 버스	장거리 버스	menu 메뉴	메뉴

message 메세지	메시지	news 뉴스	뉴스	open 오픈	열다
mineral water 미네랄 워터	생수	newspaper 뉴스페이퍼	신문	open 24 hours 오픈 투에니포 아워스	24시간 영업
minimum charge 미니멈 차지	최저 요금	nightclub 나이트클럽	나이트클럽	open / in business 오픈/ 인 비즈니스	영업중
		nighttime 나이트타임	야간	opening hours 오프닝 아워스	개관 시간
minor 마이너	미성년자	no additives 노 애디티브스	무첨가	operation 오퍼레이션	수술
money 머니	돈	no artificial coloring 노 아티피셜 컬러링	인공색소 무첨가	order 오더	주문하다
morning 모닝	아침			organize / tidy 오거나이즈/타이디	정리하다
mosquito 모스키토	모기	no parking 노 파킹	주차 금지	outside 아웃사이드	밖
mountain 마운틴	산	no photography allowed 노 포토그래피 얼로우드	촬영 금지	**p**	
mountain climbing 마운틴 클라이밍	등산			package 패키지	소포
		no smoking 노 스모킹	금연	page 페이지	페이지
movie 무비	영화	noisy 노이지	시끄러운	paid 페이드	유료의
museum 뮤지엄	박물관	non-reserved seat 넌 리저브트 씻	자유석	pain 페인	아픔
mutton 머턴	양고기			painkiller 페인킬러	진통제
n		non-smoking seat [section] 넌 스모킹 씻[섹션]	금연석	pamphlet 팸플릿	팸플릿
name 네임	이름			pants / trousers 팬츠/트라우져스	바지
nationality 네셔널리티	국적	north 노스	북쪽	paper bag 페이퍼 백	종이가방
neck 넥	목	**o**		paper cup 페이퍼 컵	종이컵
necklace 넥클리스	목걸이	occupation 아큐페이션	직업		
necktie 넥타이	넥타이	old 올드	오래된	parking lot 파킹 랏	주차장
new 뉴	새로운	one way 원 웨이	편도	passport 패스포트	여권

past 패스트	과거	post office 포스트 오피스	우체국	razor 레이저	면도기
pepper 페퍼	후추	postage 포스티지	우편 요금	receipt 리싯	영수증
perm 펌	파마	postcard 포스트카드	엽서	receive 리시브	받다
personal computer 펄스널 컴퓨터	PC	postpone 포스트폰	연기하다	reception desk 리셉션 데스크	프런트
pharmacy 파머시	약국	prescription 프리스크립션	처방전	reconfirm 리컨펌	재확인하다
pickpocket 픽파킷	소매치기	President 프레지던트	대통령	red 레드	빨간색
picture / photograph 픽처/포토그래프	사진	price 프라이스	가격	red pepper 레드 페퍼	고추
		price list 프라이스 리스트	가격표	refrigerator 리프리저레이터	냉장고
picture postcard 픽처 포스트카드	사진 엽서	prices 프라이서스	물가	reissue 리이슈	재발행하다
pillow 필로우	베개	professional baseball 프로페셔널 베이스볼	프로 야구	roentgen 뢴트겐	엑스레이
PIN(personal identification number) 핀(퍼스널 아이덴티피케이션 넘버)	비밀번호			reservation 레저베이션	예약
		program 프로그램	프로그램	reserve / book 리저브/북	예약하다
		pull 풀	당기다	reserved seat 리저브드 씻	예약석
plane ticket 플레인 티켓	비행기표	purse / wallet 펄스/월렛	지갑	respect 리스팩트	존중하다
pleasure boat 플레져 보트	유람선	push 푸시	밀다	restaurant / dining room 레스토랑/다이닝룸	식당
police 폴리스	경찰	**r**			
police box 폴리스 박스	파출소	radio 레디오	라디오	restriction 리스트릭션	규칙
police station 폴리스 스테이션	경찰서	railroad 레일로드	철도	return 리턴	돌아오다
pork 포크	돼지고기	rain 레인	비	return ticket 리턴 티켓	왕복 표
possibility 퍼시빌리티	가능성	rent-a-car 렌터카	렌터카	rice 라이스	쌀

right 라이트	오른쪽	scheduled time 스케쥴드 타임	정시	ship 쉽	배
ring 링	반지	school 스쿨	학교	shoes 슈즈	신발
river 리버	강	scissors 시저스	가위	shopping 샤핑	쇼핑
road 로드	길	season 시즌	계절	short 숄트	짧은
roof 루프	지붕	seasoning 시즈닝	조미료	shoulder 숄더	어깨
room 룸	방	seat 씻	좌석	shower 샤워	샤워
room number 룸 넘버	객실 번호	seat number 씻 넘버	좌석번호	shrimp 슈림프	새우
room service 룸 서비스	룸서비스	seatbelt 씻벨트	안전벨트	side dish 사이드 디쉬	반찬
route map 루트 맵	노선도	seaweed 써 위드	해초	sightseeing 사이트씨잉	관광
run 런	달리다	secret 씨크릿	비밀	sightseeing bus 사이트씨잉 버스	관광버스
S		seed 씨드	씨앗	sightseeing flight 사이트씨잉 플라잇	유람 비행
safe 세이프	안전한	self-service 셀프 서비스	셀프서비스		
safe deposit box 세이프 디파짓 박스	금고	send 센드	보내다	silver 실버	은
safety 세이프티	안전	separately 세퍼릿틀리	따로	size 사이즈	치수
salmon 새먼	연어	service charge 서비스 차지	서비스 비용	skin 스킨	피부
salt 솔트	소금	set 셋	세트	slowly 슬로울리	천천히
sample 샘플	견본	set menu 셋 메뉴	정식	smoking seat 스모킹 씻	흡연석
scarf 스카프	스카프	sex 섹스	성별	snow 스노우	눈
scene / scenery 씬/씨너리	풍경	shallow 쉘로우	얕은	soap 솝	비누
schedule 스케쥴	일정	shampoo 샴푸	샴푸	socks 삭스	양말

soft 소프트	부드러운	sugar 슈거	설탕	temple 템플	절
soil 소일	토양	supermarket 슈퍼마켓	슈퍼마켓	tennis 테니스	테니스
sold out 솔드 아웃	매진	**t**		the day after tomorrow 더 데이 에프터 투모로우	모레
son 썬	아들	tag price 텍 프라이스	정가		
soup 숩	수프	Taking photos with flash is prohibited. 테이킹 포토스 윗 플래쉬 이즈 프로히비터드	플래시 사용 금지	theater 씨어터	극장
sour 사워	맛이 신			theft 띠프트	절도
speak／talk 스픽/톡	말하다			therapist 떼라피스트	치료사
special 스페셜	특별한	tax 택스	세금	thermometer 띠어모미터	체온계
spoon 스푼	숟가락	taxi 택시	택시	thick 띡	두꺼운
stain 스테인	얼룩	taxi fare 택시페어	택시 요금	thin 띤	얇은
stamp 스탬프	우표	taxi stand 택시 스탠드	택시 승차장	thief 띠프	도둑
station 스테이션	역	tea 티	차	ticket 티켓	티켓
stomachache 스토머케익	복통	telegram 텔레그램	전보	ticket office 티켓 오피스	매표소
store 스토어	가게	telephone 텔레폰	전화	timetable 타임테이블	시간표
straight 스트레이트	곧은	telephone charge 텔레폰 차지	전화 요금	tip 팁	팁
street 스트릿	길			today 투데이	오늘
street map 스트릿 맵	도로 지도	telephone number 텔레폰 넘버	전화번호	toilet 토일렛	화장실
student 스튜던트	학생			tomorrow 투모로우	내일
subway 서브웨이	지하철	television 텔레비전	텔레비전	toothbrush 투스브러시	칫솔
subway station 서브웨이 스테이션	지하철역	temperature 템퍼러쳐	기온	tour fee 투어 피	관광 요금

tourist information office 투어리스트 인포메이션 오피스	관광 안내소	vomit 보밋	토하다	white 화이트	하얀색

기본 회화

관광

쇼핑

맛집

뷰티

엔터테인먼트

호텔

교통수단

기본 정보

단어장

tourist information office 투어리스트 인포메이션 오피스	관광 안내소
towel 타올	타월
traffic accident 트래픽 엑시던트	교통 사고
train 트레인	기차
trash can 트래쉬 캔	쓰레기통
traveler's check 트래블러스 체크	여행자 수표
treatment 트리트먼트	치료
twin room 트윈 룸	트윈 룸

u

uncarbonated water 언카보네이티드 워터	탄산 없는 물
uncle 엉클	삼촌
up 업	위로

v

valuables 벨류어블스	귀중품
value-added tax 벨류 애디드 택스	부가 가치세 (VAT)
vending achine 밴딩 머신	자동판매기
vinegar 비니거	식초

vomit 보밋	토하다

w

wait 웨잇	기다리다
waiting room 웨이팅 룸	대기실
wakeup call 웨이크업 콜	모닝콜
walk 워크	걷다
wall 월	벽
wallet 월렛	지갑
warm 웜	따뜻한
wash 워시	씻다
wash button 워시 버튼	세척 버튼
waste basket 웨이스트 배스킷	쓰레기통
water 워터	물
wave 웨이브	파도
weather 웨더	날씨
weather forecast 웨더 포어케스트	일기예보
weekend 위켄드	주말
west 웨스트	서쪽
Western style 웨스턴 스타일	서양식
wheelchair 휠체어	휠체어

white 화이트	하얀색
wide 와이드	넓은
wife 와이프	아내
wind 윈드	바람
window 윈도우	창문
wine list 와인 리스트	와인 목록
work 워크	일
world 월드	세상
write 롸이트	쓰다
wrapping 래핑	포장

y

yesterday 예스터데이	내일

여행 영어 ^{co-Trip}

여행 영어 co-Trip
ことりっぷ

초판 인쇄일 2023년 1월 13일
초판 발행일 2023년 1월 27일
지은이 코트립 편집부
옮긴이 혜지원 편집부
발행인 박정모
등록번호 제9-295호
발행처 도서출판 혜지원
주소 (10881) 경기도 파주시 회동길 445-4(문발동 638) 302호
전화 031)955-9221~5 팩스 031)955-9220
홈페이지 www.hyejiwon.co.kr

기획 박혜지
진행 박혜지, 박주미
디자인 김보리
영업마케팅 김준범, 서지영
ISBN 979-11-6764-042-0
정가 13,000원

co-Trip KAIWA CHOU ことりっぷ 会話帖

Copyright © Shobunsha Publications, Inc. 2015
All rights reserved.
First original Japanese edition published by Shobunsha Publications, Inc. Japan
Korean translation rights arranged with Hyejiwon Publishing Co.
through The English Agency (Japan) Ltd. and Danny Hong Agency